国家体育总局科教司
中国体育科学学会 资助项目

全民健身科学指南丛书

丛书主编 漆昌柱

中国传统运动方式健身指南

马世坤 主 编

北京体育大学出版社

策划编辑　王英峰
责任编辑　邓琳娜
责任校对　韩培付
版式设计　联众恒创

图书在版编目（CIP）数据

中国传统运动方式健身指南 / 马世坤主编. -- 北京：北京体育大学出版社，2021.11
（全民健身科学指南丛书 / 漆昌柱主编）
ISBN 978-7-5644-3207-2

Ⅰ. ①中… Ⅱ. ①马… Ⅲ. ①民族形式体育－体育文化－研究－中国 Ⅳ. ①G852.9

中国版本图书馆CIP数据核字(2021)第189875号

中国传统运动方式健身指南
ZHONGGUO CHUANTONG YUNDONG FANGSHI
JIANSHEN ZHINAN　　马世坤　主编

出版发行：北京体育大学出版社
地　　址：北京市海淀区农大南路 1 号院 2 号楼办公 B-212
邮　　编：100084
网　　址：http：//cbs.bsu.edu.cn
发 行 部：010-62989320
邮 购 部：北京体育大学出版社读者服务部 010-62989432
印　　刷：唐山玺诚印务有限公司
开　　本：710mm × 1000mm　1/16
成品尺寸：170mm × 240mm
印　　张：12.5
字　　数：190 千字
版　　次：2021 年 11 月第 1 版
印　　次：2021 年 11 月第 1 次印刷
定　　价：58.00 元

《全民健身科学指南丛书》编委会

主　　编　漆昌柱

副 主 编　马世坤　王志强

李丹阳　杨　翼

编　　委　龙行年　孙　健　李春雷

李　山　孙君志　李豪杰

本书编委会

主　　编　马世坤

副 主 编　龙行年　孙　健

其他成员　郑　勤　杨群力　王　飞

雷　斌　曹佩芳　黄　磊

吴雪琴　袁　点　杨　甜

王子也　王　雷　翟华楠

《全民健身科学指南丛书》前言

全民健康是国家综合实力的重要体现，是经济社会发展进步的重要标志。全民健身是实现全民健康的重要途径和手段，是全体人民增强体魄、幸福生活的基础保障。久坐少动，加上近年来物质生活水平的显著提升带来的饮食习惯的改变，使得越来越多的人出现体重超标、身体机能减弱的情况，高血脂、高血压和糖尿病等慢性疾病的发生率也相应升高。面对人民群众日益增长的体育健身需求，我们要指导民众科学健身，避免运动损伤，提高健身效用，从而有效地提高民众的体质健康水平，增强其免疫力。

在全民健身上升为国家战略的大背景下，中国体育科学学会积极贯彻落实《“健康中国2030”规划纲要》精神，组织国家体育总局体育科学研究所及国内相关体育高校在全民健身领域的专家，基于我国民众运动健身的实测数据创编了本套丛书。

为了更好地服务于人民群众的科学健身需求，《全民健身科学指南丛书》（以下简称《丛书》）从体育健身活动方式和运动防治疾病，特别是防治慢性非传染性疾病，两个维度着手，由11本指南构成：《有氧运动健身指南》《力量练习健身指南》《球类运动健身指南》《中国传统运动方式健身指南》《牵拉练习健身指南》《心血管病患者健身指南》《糖尿病患者健身指南》《超重和肥胖人群健身指南》《骨质疏松症患者健身指南》《癌症患者健身指南》《抑郁症患者健身指南》。

本《丛书》涵盖各年龄段人群，针对不同人群的身体素质特点、健身场地和环境情况进行编撰，内容包括运动基本理论、科学健身方法、运动防治疾病等。科学健身基本理论浅显易懂，运动方法简单实用。对各种场景、各年龄段人群的针对性强，读者可根据自身需要进行锻炼。其中《有氧运动健身指南》和《力量练习健身指南》两本书因与体能训练师认证体系有一定的融合对接，还可兼作中国体育科学学会体能训练分会体能师认证师认证的培训教材。

除此之外，本《丛书》在编写过程中，兼顾科学性、实用性、趣味性、普及型和创新性原则，在传统图文结合的写作基础上，添加了扫码观看原创视频的阅读手段，使书籍内容更加立体、丰富。

本《丛书》的编写得到了国家体育总局体育科学研究所和国内相关体育高校的全民健身领域专家的大力支持，得到了中国体育科学学会的高度重视和有力指导，得到了北京体育大学出版社王英峰编审的精心策划和悉心筛选，在此一并感谢。

未尽事宜恳请读者朋友们阅后指正。

目　录

中华武龙

第一章　中华武龙

中华武龙以响应国家全民健身的体育战略为出发点，以服务广大人民的健身娱乐等需求为落脚点，满足人民群众对体育文化多元发展日益增长的需求。

中华武龙运动自创编之始，就以服务社会大众为目标，以人民群众的健身、休闲、表演、社交和竞技需求为指向，在技术内容上，方便易练、变幻多姿、趣味十足，颇有美感。在文化的继承和创新中，它吸收熔炼了武术和舞龙的文化精粹，形成了符合新时代国家与社会需求的文化内涵，弘扬了优秀的中华文化，继承并创新了传统体育项目的技艺与精神，在新时代中国特色社会主义建设中发挥了重要作用。

第一节　中华武龙的基本概述

一、中华武龙的定义

“以武术动作为形，以传统文化为意”，以形传意，以意率形，形意结合，是中华武龙的基本特征。经过长期的研究，我们可以这样定义：中华武龙是在武术与舞龙两种民族传统体育项目紧密融合的基础上，以运动技术重构、文化熔铸为思路，开发创作的一种全新的体育项目。

二、中华武龙的产生与发展

武术和舞龙是我国历史久远、具有深厚文化内涵和广泛群众基础的民族传统体育项目，是我国民族体育文化传承和发展的重要内容。中华武龙的创编，可以追溯到世纪之交，大约在2000年前后，不同地域、不同种类的舞龙研究者开始探索发展的新途径，使舞龙从传统民俗走上了体育竞赛的舞台。郑勤教授由此萌发了将武术与舞龙结合的想法。他基于二者高度相似的理论基础和文化同源特征，以武术套路为蓝本，汲取舞龙中的有益成分，将两种优质的传统文化的技术衔接起来，文化熔铸，开发了一种全新的体育项目，即中华武龙，简称武龙。为了创编中华武龙，郑勤教授进行了多方面的研究探索：一是在图书馆与网上查阅相关资料，做了大量笔记；二是向同行请教，听取武术专家与民俗专家的意见；三是到民间采风，吸纳收集相关的文化元素。在此基础上，他不断地对中华武龙的理论基础进行建构，对技术体系进行反复的摸索实践。历经多年，郑勤教授已初步完成了对中华武龙的理论基础和技术体系的构建。

2011年农历春节前夕，华中师范大学艺术团一行26人受国家汉办孔子学院总部的派遣，踏上了赴美交流之旅，在美国中北部孔子学院开展春节“三巡”（巡演、巡讲、巡展）活动。郑勤教授分别用5米和9米龙具表演了中华武龙和中国武术，完成了中华武龙的海外首秀，受到了当地主流学校、社区和华人的热烈欢迎。此后，中华武龙的海外行逐渐丰富起来，促进了中国文化在海外的传播，践行了国家文化“走出去”的发展战略。

2011年9月，中华武龙开发团队成立，主要由郑勤教授带领的博士研究生、硕士研究生组成。开发团队从武术和舞龙中收集素材，提取精义，力求将中华武龙创编成既有优秀中国传统文化特色，又能彰显中华民族精神的民族体育项目。时至今日，开发团队已经获得并完成了多项课题，完善了中华武龙技术体系，发表并出版了一系列有关中华武龙研究的论文和著作。

2011年海外华裔青少年“中国寻根之旅”冬令营在华中师范大学举行，来自加拿大、澳大利亚、新西兰、委内瑞拉、印度尼西亚、马来西亚等国家的370名华裔青少年参加了冬令营，学习中华武龙。

2012 年 10 月，郑勤教授在由国家体育总局武术研究院、中国体育科学学会武术分会主办，河南省体育局、郑州市人民政府、郑州大学体育学院承办的第九届郑州国际少林武术节和论文报告会上，以“中华武龙”为专题做了报告。《中华武龙开发创编与特色》一文刊载于《搏击·武术科学》2012 年第 10 期。

2013 年 1 月，杨建营教授在参加赴美文化交流团期间，进行了中国武术和中华武龙的交流和表演。

2013 年 4 月至 5 月，郑勤教授在非洲吉布提进行了中国传统武术和中华武龙的教学和培训。

2013 年 7 月 20 日，在第二届新加坡国际传统武术大赛中，中华武龙参加大会开幕式表演和比赛，获得了最佳表演奖和兰花金奖。

2013 年 7 月，郑勤教授团队申报的国家体育总局武术研究院课题“中华武龙运动技术及创新”审批立项，批准号为：WSH2013C007。2014 年 9 月，项目结项，通过验收。

2014 年 9 月至今，华中师范大学向本科生、研究生开设中华武龙课程，使同学们认识到中华武龙是武术和舞龙的创造性融合，学习中华武龙既可以强身健体，又可以传承优秀的传统文化。现在，全国多地的幼儿园、小学、中学、高等学校和社区都开展了中华武龙的教学和练习。在国内，中华武龙主要在湖北的武汉、宜昌，贵州，深圳，香港等地区进行表演、传授；国外主要是在非洲的吉布提、埃塞俄比亚、美国等国家推广，受到了热烈欢迎。不过，中华武龙还是新生事物，还需要不断完善，还需要经过时间的考验。香港国际武术节、澳门国际武术节及武当国际演武大会等已将中华武龙列为竞赛项目。

2017 年 9 月，郑勤教授所著的《中华武龙》一书由湖北科学技术出版社出版，这对于中华武龙的发展有着重要意义。

中华武龙不只是一个体育项目，更蕴含了民族文化精神。

三、中华武龙的功能

武术是内外兼修的民族传统体育项目，具有健身、表演、竞技、社会交往、经济、教育等功能。舞龙运动是中华民族最具代表性的民俗体育活动之一，集竞技、健身、娱乐、观赏为一体。武术与舞龙结合创编的中华武龙，必然是实现二者功能的合体。中华武龙以实现人的全面发展为目标，旨在增进人的生理、心理、道德健康，提高人的社会适应力。同时，它丰富了社会文化资源，既能促进文化繁荣，又能满足社会大众的文化需求。从实现人的全面发展的角度来看，中华武龙以健身、休闲、表演、竞技为指向；从服务社会发展的角度来看，中华武龙是体育文化产业体系的重要组成部分。具体来看，它具有以下几种主要功能。

（一）中华武龙的健身养生功能

目前，普及最广的太极拳在群众体育中发挥了极好的作用，但适应人群较为单一，套路更新速度较慢，内容有待丰富。近年来，国家推出的武术健身操系列进入了中小学课堂，弥补了武术启蒙教育的空缺。中华武龙的创编，将进一步丰富民族体育资源，对实施全民健身计划大有裨益，因为它是一种老少咸宜的健身养生运动。

中华武龙是一项全身性的运动，使用的器械（龙具）安全耐用、经济美观，且对场地的要求不高。使用龙具这种软器械来演练，能有效防范器械伤害的隐患，大大提高了习练的安全系数。中华武龙的套路内容丰富多样，根据年龄、性别和习练程度的差异，练习者可以有针对性地选择适宜的练习方式进行健身养生锻炼或娱乐表演。中华武龙演练时，龙体呈圆弧形的运动轨迹，结合练习者快慢有致、刚柔并济、虚实结合的武龙技巧，呈现出游龙穿行、人龙合一的动态画面，令人赏心悦目、精神振奋。圆弧形的运动能使人的颈、肩、腰、腿、膝及腕关节得到充分的活动从而均衡地发展。套路演练中几乎全身各部位都会参与运动，在画圆、走弧、翻身、转体等动作中，身体始终保持良好的状态，使运动者既活动了各部位的关节，又调动了机体各类肌肉群的运动。因此，长期习练中华武龙，有助于运动者健身防病、提高免疫力、增强体力、促进交流、调适身心，有利于全民健身事业的发展。

（二）中华武龙的竞技表演功能

目前，武术表演与音效、舞台、摄像、影视等相结合，并掺入舞蹈、书法、绘画、戏剧、杂技等传统艺术，极具表现力和感染力，因此，无论在春晚、世博会，还是奥运会、亚运会开闭幕式等都可以看到武术表演类节目。中华武龙将创编专门的适合竞技表演的套路，在整体风格上追求激情洋溢，并进一步丰富表演的内容。

（三）中华武龙的社交媒介功能

中华武龙开展形式多种多样，既可单人练习娱乐，又可双人或多人互动演练。因此，在教学和社区活动的开展中，它都能有效地提高运动主体的主观能动性及运动主体之间的互动性，从而发挥社交媒介功能，提高练习者的社会交往能力，达成练习者的社会交往诉求。在实施文化“走出去”战略背景下，由于中华武龙自身兼具了武术和舞龙的深厚文化内涵，其也可作为汉语国际推广的一种全新的文化载体，在跨文化交际中发挥作用。

（四）中华武龙的文化娱乐功能

随着社会结构、生活结构和生产方式发生了重大变化，休闲经济和休闲文化将活跃在社会生活当中。中国传统文化中的猜谜、垂钓、楹联、风筝、庙会等均与休闲文化相关，武术和舞龙中也有休闲文化的成分。因此，中华武龙将不再只是单纯作为竞技或者健身的体育，也可作为休闲娱乐的体育文化。它是武术与舞龙运动相互融合而形成的一项新兴的民族传统体育运动项目，具有独特的技术体系和丰富的文化内涵，是对我国民族传统体育和优质传统文化的深刻诠释。

与此同时，中华武龙也带动了文化产业的经济效益，譬如配套服装设计、武龙器具设计、武龙配乐、武龙表演和赛事组织等。在中华武龙自身发展的过程中，传统文化得以继承，社会主义核心价值理念得以宣扬，从而产生较好的社会效益。

四、中华武龙的特色

中华武龙的套路形式丰富多样，根据武术风格的不同，又可分为太极八门五步龙、八卦龙、长拳龙等。它从创建之初发展至今，已经形成了独有的特色，主要体现在如下几个方面。

①中华武龙器具的创新是其最重要的特色。中华武龙器具由绸布制成，旨在把习武寓于娱乐之中，不但简易有趣，易于掌握普及，而且可以有效避免伤害。它改进了武术乏味的习练方式，弥补了舞龙器材烦琐的不足，能增加锻炼者对武术的兴趣，同时也为武术寻求发展空间开创了新的方法。

②在技术内容上，中华武龙以简化处理后的武术动作为基础，依据练习者的体质、年龄、性格、性别等特点设置数量和难度。初级动作的设计简单，目的是强身健体、培养兴趣；而高级动作的难度和强度有所提高，能使表演更加精彩炫目。这非常符合教学中“由浅入深、因材施教”的原则，有利于中华武龙的普及发展。此外，在习练人数上，中华武龙可进行单人、多人和团体等多种形式的练习，不像传统舞龙有人数上的严格要求，这大大弥补了舞龙练习方式单一、人员限制性强等不足。参与者可灵活合理地安排时间，长期而有规律地进行锻炼，贯彻全民健身的效果颇佳。

③在组织形式上，中华武龙表演以鼓声作为号令，仿效的是操典的形式，区别于舞龙以“龙珠”为引导的演练模式。在进行团体演练时，它的动作整齐划一，队形变化多样，场面宏大精彩，给人以丰富的视觉享受，与人民群众日益提高的文化欣赏水平步调一致。

④在意境上，“龙”在华夏儿女心中是可以上天入海，其无所不能的神力，代表了一种无限自由的境界。参与者习练时可以不计身份和地位的高低，自由自在地挥舞“小龙”，整个身体随心而动，能甩掉所有压力，达到逍遥自在的忘我境界。这也是现代人追求的理想生活状态。

第二节　中华武龙的技术与方法

中华武龙的单势动作主要取材于武术基础的手法、眼法、身法、步法等；基本手型有扣指掌、八字掌、虎爪掌、龙爪掌、剑指等；基本步法有弓步、马步、仆步、歇步、虚步、独立步、丁步、跪步、骑龙步等。依据基础的手法、眼法、身法、步法等开发的单势动作，有缠头龙、裹脑龙、八字龙、撩龙、劈龙、圈龙、点龙、云龙等。

中华武龙的套路有太极八门五步龙、长拳龙、八卦龙、刀龙、剑龙、棍龙、绳标龙等。

一、中华武龙的基本动作

1. 弓步撩龙

动作说明：以左弓步为例，两脚前后站立，步长约脚长的 4 ~ 5 倍，脚尖微内扣。左腿屈膝半蹲（大腿接近水平），膝与脚尖垂直。右腿挺膝伸直，脚尖内扣（斜向前方），两脚全脚掌着地。上体正对前方，双眼向前平视，左手掌放于左膝上，右手拿龙杆以肩为轴由下向前、向上、向后画圆。右弓步撩龙与左弓步动作相反（图 1–1、图 1–2）。

图 1–1

图 1–2

动作要点：注意重心的移动，由后脚过渡到前脚，最后回到后脚上；动作连贯有序，眼随武龙器具。

2. 弓步劈龙

动作说明：以左弓步为例，两脚前后站立，弓长约脚长的 4 ~ 5 倍，脚尖微内扣。左腿屈膝半蹲（大腿接近水平），膝与脚尖垂直。右腿挺膝伸直，脚尖内扣（斜向前方），两脚全脚掌着地。上体正对前方，双眼向前平视，左手掌放于左膝上，右手拿龙杆以肩为轴由上向前、向下、向后画圆。右弓步劈龙与左弓步动作相反（图 1–3、图 1–4）。

图 1–3

图 1–4

动作要点：注意重心的移动，由后脚过渡到前脚，最后回到后脚上，动作连贯有序，眼随武龙器具。

3. 马步八字龙

动作说明：马步站立。右手持龙，两手交叉在体前画竖“8”字（图 1–5、图 1–6），随后在头顶上方画横“∞”字（图 1–7、图 1–8）。双眼目视龙身。

动作要点：使武龙器具的轨迹尽量呈“8”的形状。

4. 歇步云龙

动作说明：两腿交叉靠拢全蹲，左脚全脚着地，脚尖外展，右脚前脚掌着地，膝部贴近左脚外侧，臀部坐于右腿接近脚跟处。左手掌按于左腿上，右手持龙杆，上举贴近耳朵以腕为轴在头顶环绕画圆。双眼向左前方平视。右脚在前为右歇步云龙，左脚在前为左歇步云龙（图 1–9、图 1–10）。

图 1–5

图 1–6

图 1–7

图 1–8

图 1–9

图 1–10

动作要点：上体正直，双膝不得碰地，把握身体重心，保持身体平衡，注意武龙器具的运行路线。

5. 虚步云龙

动作说明：两脚前后开立，步长约脚长的 3 倍，后腿屈膝半蹲，大腿接近水平，全脚掌着地，重心落于后腿，前腿微屈，脚背绷平，脚尖稍内扣，虚步轻点地面。左手掌按于腰间，右手持龙杆，腕关节发力，以小臂为轴在头上画圆（图 1–11、图 1–12）。

图 1–11

图 1–12

动作要点：后腿支撑身体重心，虚实分明。

6. 仆步穿龙

动作说明：以右仆步穿龙为例，左手掌朝前，沿左腿内侧穿至左脚面后抬臂。右腿全蹲，大腿和小腿靠紧，臀部接近小腿，全脚掌着地，膝与脚尖稍外展；左腿伸直平仆，接近地面，脚尖内扣，两脚距离约脚长的 4 ~ 5 倍；目视左掌（图 1–13）。

动作要点：挺胸、立腰、开髋，全脚掌着地，脚尖内扣。

图 1–13

7. 丁步点龙

动作说明：以左丁步点龙为例，并步站立，两腿屈膝半蹲，右脚全脚掌着地，左脚脚跟提起，脚尖内扣并虚点地面，脚背绷直，贴于右脚脚弓处，重心落于右腿。左手上架，右手持龙杆在体侧平举、点龙，目视右手（图 1–14）。左脚尖点地为左丁步，右脚尖点地为右丁步。

图 1–14

动作要点：身体保持正直。

二、中华武龙的套路练习

（一）太极八门五步龙

太极八门五步龙是中华武龙套路的重要组成部分，太极八门五步龙有“太极十三势”中的十三种方法：掤、捋、挤、按、采、挒、肘、靠、进、退、顾、盼、定。其中前八个字是八种手法，后五个字是五种步法。本套路特色鲜明，路线清楚，简单易学；静心用意，呼吸自然，中正安舒，柔和缓慢；动作弧形，圆活完整，连贯协调，虚实分明，轻灵沉着，刚柔相济。武龙器具的运行以圆弧运动为主，衔接动作以弧形过渡，保持连贯，一气呵成。其适合中老年人群习练，以达到健身的目的。

1. 动作名称

练习前行武龙抱拳礼

起　势

第一式	掤龙	第八式	靠龙
第二式	捋龙	第九式	前进龙
第三式	挤龙	第十式	后退龙
第四式	按龙	第十一式	左顾龙
第五式	采龙	第十二式	右盼龙
第六式	挒龙	第十三式	中定龙
第七式	肘龙		

收　势

练习后行武龙抱拳礼

2. 动作图解

（1）练习前行武龙抱拳礼

动作说明：并步直立，右手持龙杆，置于体侧，右手拇指、食指伸直，中指、无名指和小指将龙杆紧握其中，左手放于体侧；行礼时，左脚向前迈一步，右脚向左脚并拢，成立正姿势，同时左手变掌，左右手交汇于胸前，左手掌放于右拳面上，大拇指内扣，拳掌与胸相距 20 ~ 30 厘米，两臂屈圆，与胸平齐，行武龙抱拳礼，目视前方。右脚后退，左脚收回成立正姿势，两手还原置于体侧（图 1–15 至图 1–17）。

图 1–15

图 1–16

图 1–17

（2）起势

动作说明：身体自然直立，两脚并拢，头颈端正，肩臂松垂，两手轻贴大腿外侧；目视前方，松静自然。左脚向左轻轻开步，两脚开立与肩同宽，脚尖向前。两手匀速向前平举至与肩同高、同宽，掌心向前，肘微下垂（图 1–18）。上体保持正直，两腿缓缓屈膝半蹲，同时右手持龙杆由下向上抖动三次，两掌轻轻下按，落于腹前，掌与膝相对（图 1–19）。

图 1–18

图 1–19

动作要点：全身放松，舌顶上腭，呼吸自然。

（3）第一式　掤龙

动作说明：重心由右腿移至左腿，身体稍右转，右腿收于左腿内侧，成右丁步，同时左臂上抬屈于胸前，掌心向下；右手持龙杆翻转向左画弧至左腹前，掌心向上，与左手相对如同抱球，目视前方（图 1–20）。右脚向前轻轻迈出一步，脚跟着地，前移成右弓步；同时右手持龙杆，右臂向前掤龙，臂微屈，掌心向内，高与肩平，左掌向左下落于左胯旁，掌心向下，目视右前臂（图 1–21）。

图 1–20

图 1–21

动作要点：两手分开，保持弧形，身体转动时以腰为轴，弓步与分手的速度要一致。

（4）第二式　捋龙

动作说明：重心后移至左腿，上体微右转，右脚向右后退一步，前脚掌轻轻落地。上体继续右转，重心后移到右脚，左脚收于右脚内侧，成左丁步；同时右手持龙杆，右臂外旋，屈肘提至胸前，掌心向外，而左臂内旋，举于身体左侧画弧，与肩平行，掌心向外，目视前方（图 1–22）。

动作要点：左脚收脚与两臂捋龙的动作要一致。

图 1–22

（5）第三式　挤龙

动作说明：上体左转，左脚向前偏左上步，脚跟落地。重心前移，右脚收至左脚内侧后方，前脚掌着地，成右丁步；同时左臂屈肘横于胸前，掌心向内，指尖向右；右臂内旋，右手持龙杆，右拳心向内，拳眼向上，拳附于左掌内侧，目视前方（图 1–23）。

动作要点：向前挤时，上体要正直，手臂动作与步法一致。

图 1–23

（6）第四式　按龙

动作说明：上体左转，右脚向后退半步，两臂同时向下按掌于身体两侧，掌心向下，手指向前；同时动左脚，成左丁步，双手左右画弧，目视前方（图 1–24）。左脚向前上步，脚跟落地，重心前移，右脚收至左脚内侧后方，前脚掌着地，成右丁步；同时双手向前推龙，掌心向前，目视前方（图 1–25）。

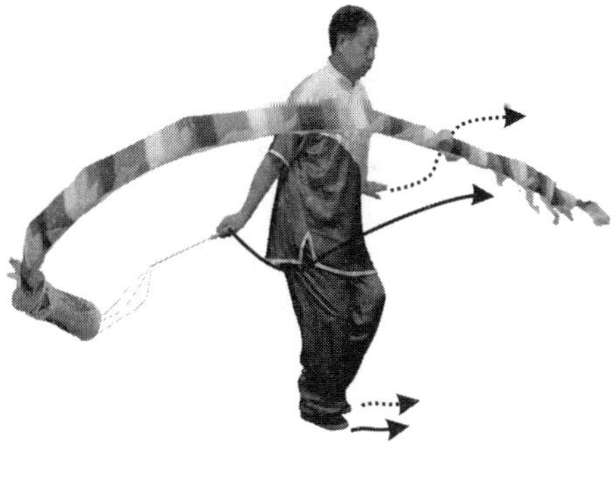

图 1–24

图 1–25

动作要点：向前推按龙与上步要一致，两手相距宽度不要超过肩。

（7）第五式　采龙

动作说明： 上体向右转 45 度，重心在右脚，左脚脚后跟抬起，两手上举画弧，右臂伸直，左手立掌放于右肩处（图 1–26）。重心后移于左脚，左脚外旋约 60 度，脚跟着地，随之重心移向左脚，右手持龙杆屈臂由右上向左下顺时针绕龙四圈，落于身体右后方，退右脚，再退左脚，成左歇步，左手立掌放于右肩处，目视龙杆（图 1–27 至图 1–29）。

图 1–26

图 1–27

图 1–28

图 1–29

动作要点： 向下采龙时，腰必须向右转，同时向右转头。

（8）第六式　捌龙

动作说明： 上体向左转，两脚尖内扣，右脚跟步与左脚并步；同时右手持龙杆，在头上向左逆时针绕龙两圈，随后右手持龙杆内旋向右前方 45 度横击，左掌附于右前臂内侧，目视龙杆（图 1–30 至图 1–32）。

动作要点： 转腰、并步与横击一致。

图 1–30

图 1–31

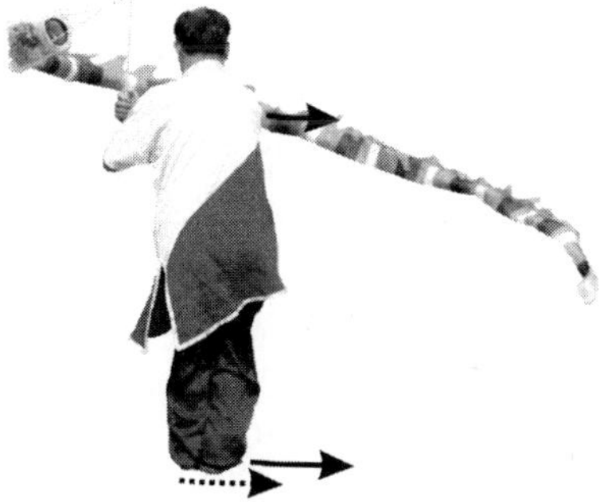
图 1–32

（9）第七式　肘龙

动作说明： 上体向右转，右脚向右横一大步，左脚收至右脚内侧，成左丁步；同时右手持龙杆，右肘外旋屈臂向 45 度顶肘，左手掌合于右拳面，目视右肘尖（图 1–33）。

动作要点： 步法与顶肘协调一致。

图 1–33

（10）第八式　靠龙

动作说明：上体微左转，左脚向左后退一步，成左弓步，同时两手分开，左肩向后靠，右手持龙杆向右前方横击龙，拳心向下，目视龙杆（图 1–34）。

动作要点：退步和靠肩一致，目视龙杆，向左肩靠。

图 1–34

（11）第九式　前进龙

动作说明：上体右转，右脚外摆上步，前脚掌着地。重心前移，左脚收至右脚内侧，成左丁步，同时右手持龙杆，直臂在胸前逆时针绕龙两圈，直臂向前，左掌放于右胸前，指尖向上，目视龙杆（图 1–35、图 1–36）。

图 1–35

图 1–36

动作要点：步法与手法动作要一致。

（12）第十式　后退龙

动作说明：上体左转，左脚向后退一步，前脚掌着地，重心后移，右脚收至左脚内侧，成右丁步，同时两臂直臂向左后方，右手持龙杆向后拉龙，目视龙杆（图 1–37）。

动作要点：步法与手法动作要一致。

（13）第十一式　左顾龙

动作说明：上体右转，左脚向左横一步，以腰为轴，左、右两臂同时向左、向上逆时针绕龙三圈，左、右手放于身体左侧，同时收右脚，成右丁步（图 1–38）。

图 1–37

图 1–38

动作要点：转腰绕环，步法与绕龙协调一致。

（14）第十二式　右盼龙

动作说明：上体右转，右脚向右横跨一步，左、右两臂同时向右、向上顺时针绕龙三圈，右手持龙放于右侧；左手立掌放于右膝右侧，掌心向外。同时左脚收至右脚内侧，成左丁步（图 1–39）。

图 1–39

动作要点：转腰绕环，步法与绕龙协调一致。

（15）第十三式　中定龙

动作说明：身体直立，左脚向左轻轻迈步，两脚与肩同宽，脚尖向前，重心移至两腿之间；右手持龙杆在上，左手在下，掌心向上，托掌于丹田，目视前方（图 1–40）。

动作要点：抱球静心，意想丹田，呼吸自然。

图 1–40

（16）收势

动作说明：右臂内旋，翻转下落，双臂由体侧慢慢上举，再慢慢下落至两腿外侧，上举与下落时右手持杆，龙身随之摆动，松肩垂臂，左脚收至右脚旁并拢，脚尖向前，身体直立，呼吸自然，目视前方（图 1–41）。

图 1–41

（17）练习后行武龙抱拳礼

动作说明：并步直立，头正身直，右手握龙，左手变掌，行武龙抱拳礼，目视前方。然后还原双臂至体侧，收势结束（图 1–42、图 1–43）。

图 1–42

图 1–43

（二）刀龙套路

刀术武龙是中华武龙套路的重要组成部分，创编套路结合了各种刀法、步型、身法等刀术的基本动作和技术特点、风格，适合青少年武龙者学练。

1. 动作名称

练习前行武龙抱拳礼

预备势

第一式	虚步亮掌龙	第十三式	弓步藏龙
第二式	并步抱拳龙	第十四式	提膝缠头龙
第三式	弓步缠头龙	第十五式	马步带龙
第四式	虚步裹脑龙	第十六式	弓步劈龙
第五式	虚步撩龙	第十七式	插步反劈
第六式	弓步撩龙	第十八式	翻身左劈龙
第七式	弓步点龙	第十九式	上步右劈龙
第八式	并步挑龙	第二十式	盖步劈龙
第九式	左右劈龙	第二十一式	翻身劈龙
第十式	右弓步平展龙	第二十二式	转身撩龙
第十一式	搂手弓步劈龙	第二十三式	马步八字龙
第十二式	提膝圈龙	第二十四式	收势

练习后行武龙抱拳礼

2. 动作图解

（1）练习前行武龙抱拳礼

动作说明：并步直立，右手持龙置于体侧，右手拇指、食指伸直，中指、无名指和小指紧握于龙把，左手自然放于体侧（图 1–44）；行礼时，左脚上前迈一步，两脚并拢，成立正姿势，同时左手变掌，左、右手交汇于胸前，左掌放于右拳面

图 1–44

上，大拇指内扣，拳掌与胸相距 20 ~ 30 厘米，两臂屈圆，与胸平齐，行武龙抱拳礼，目视前方（图 1–45、图 1–46）。右脚后退，左脚收回成立正姿势，两手还原置于体侧。

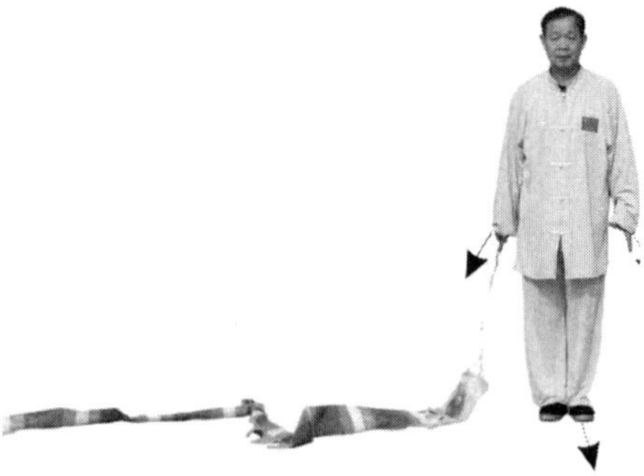

图 1–45

图 1–46

（2）预备势

动作说明：两脚并步站立，同时，右手握龙杆，左手垂于体侧，目视左前方（图 1–47）。

动作要点：抬头、挺胸、收腹、立腰。

（3）第一式　虚步亮掌龙

动作说明：右手持龙杆，从右腰间向身体前上方圈龙（一个平圆），置于头顶上方；左手从右手大臂上穿掌置于左腰间，掌心向下；同时左脚向前一步脚尖点地成左虚步，目视前方（图 1–48 至图 1–50）。

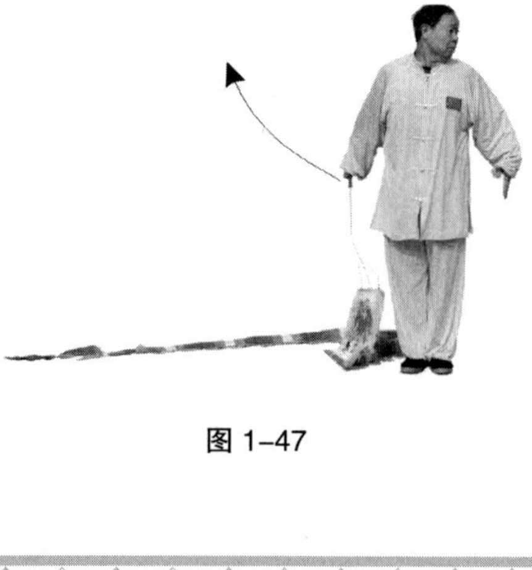

图 1–47

图 1–48

图 1–49

图 1–50

动作要点：虚步下蹲，重心在右腿上；左手穿掌与右手圈龙动作一致。

（4）第二式　并步抱拳龙

动作说明：重心上移，右腿直立，左腿提膝，脚尖绷直；右手持龙，左手变掌，由后向前从身体两侧穿出，掌心向上，目视前方。两手变掌置于体前与胸齐高，且掌心向上（图 1–51）；同时左脚落下，两脚向前迈三步，两手由下往上画弧，右手持杆圈龙（三个立圆）（图 1–52、图 1–53）；两脚并步，两手抱拳置于体侧（图 1–54）。

图 1–51

图 1–52

图 1–53

图 1–54

动作要点：左脚提膝时，脚背绷直；两手由后向前画弧时要迅速有力；并步、抱拳、转头保持一致。

（5）第三式　弓步缠头龙

动作说明：左脚向左迈一步成弓步，右手持龙杆，从身后向右、向前、向左肋处绕环平扫，掌心朝下，龙杆贴靠左肋；左臂屈肘上举至头顶上方成横掌，目视前方（图 1–55、图 1–56）。

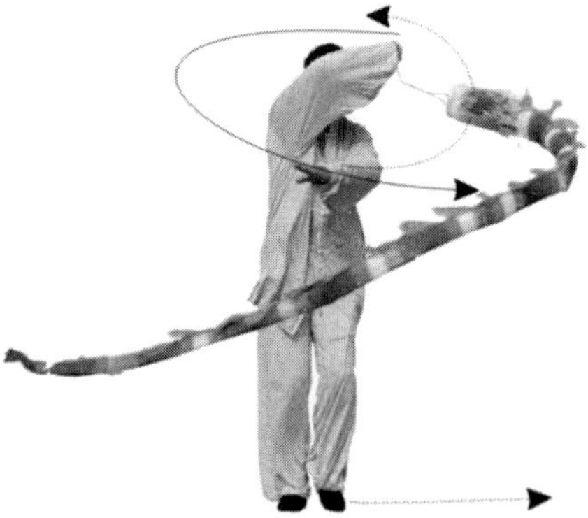

图 1–55

图 1–56

动作要点：右手缠龙时，龙杆要贴着脊背绕行。

（6）第四式　虚步裹脑龙

动作说明：上身右转，右腿屈膝半蹲，左脚前脚掌点地成左虚步；右手持龙杆，由背后向左肩外侧向下、向右腋处弧形绕环，随后右手持龙杆，从左肩外侧向下、向后拉回身体后面；左手向前成侧立掌平直推出，掌指朝上，目视左掌（图 1–57、图 1–58）。

图 1–57

图 1–58

动作要点：右手持龙杆，绕环时龙杆贴靠脊背。

（7）第五式　虚步撩龙

动作说明：身体不动，右手握龙杆撩龙两圈，左手立掌向内画圆两周；左手体前挑掌，右手握龙杆后举，高于肩部，目视左掌（图 1–59、图 1–60）。

图 1–59

图 1–60

动作要点：撩龙时两手协调一致。

（8）第六式　弓步撩龙

动作说明：身体左转，重心左移，左手向内画圆，右手握龙杆向右撩龙至身体前方时，右腿上步成右弓步；右手握龙杆做挑龙动作，左掌平举立于身体左侧，目视右手（图 1–61）。

动作要点：右脚上步与撩龙要协调一致。

（9）第七式　弓步点龙

动作说明：身体不动，右手握龙杆，以肘关节为轴向上、向下点龙三次（图 1–62 至图 1–64）。

动作要点：点龙时身体要保持正直。

图 1–61

图 1–62

图 1–63

图 1–64

（10）第八式　并步挑龙

动作说明：左脚不动，重心后移，右脚蹬地回收，向左脚靠拢，并步直立；右手持龙杆向上挑龙，屈腕使龙身向背后落下；左勾手向左平摆，与肩同高，目视前方（图 1–65、图 1–66）。

图 1–65

图 1–66

动作要点：挺胸、直背，两腿伸直，左臂伸平，右肘微屈。

（11）第九式　左右劈龙

动作说明：左脚不动，右脚向前上半步，右手持龙杆向左前方劈龙，左勾手变掌附于右肘处。顺劈龙之势右臂内旋屈腕，使龙身从下摆向身后，身体重心也逐渐转移，目视左后方（图 1–67）；右腿屈膝略蹲，将重心移至右脚上，左脚向左前方上步，成左弓步；右手持龙杆，右臂外旋向下、向右绕行，从上、向左斜前方劈下；左掌同时从上、向右前弧形绕环，随后从下向左、向上弧形绕环，屈肘成横掌，目视右手（图 1–68）。

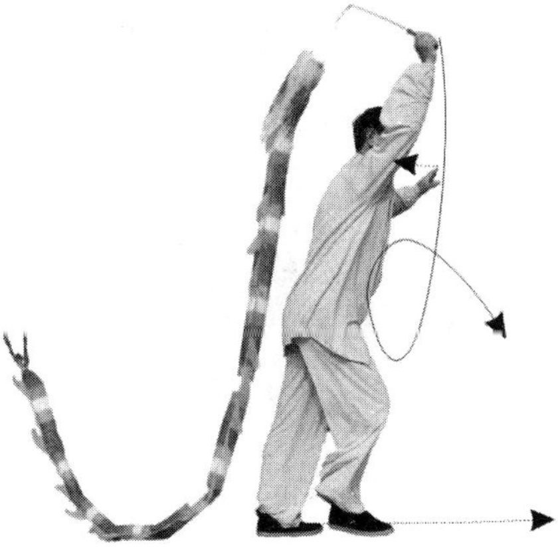

图 1–67

图 1–68

动作要点：劈龙动作要连贯、有力，与步法协调一致。

（12）第十式　右弓步平展龙

动作说明：两脚不动，重心由右向左，再向右转移，由右弓步变成左弓步，再变成右弓步；随后右手持龙杆，由右向左合拢放于左腰处，左手从身体左侧与右手交叉放于右肩处，左手在上，右手在下；当身体重心向右移动时，两臂打开；目视右斜方（图 1–69、图 1–70）。

图 1–69

图 1–70

动作要点：重心转移时，身体起伏不宜过大。

（13）第十一式　搂手弓步劈龙

动作说明：重心后移，身体左转，左脚向斜前，脚尖向外；右脚跟上成右弓步，左手向外搂手，摆至身体左后方，掌心朝外，右手持龙杆，向右前方劈龙（图 1–71 至图 1–73）。

动作要点：上步和劈龙保持同步。

图 1–71

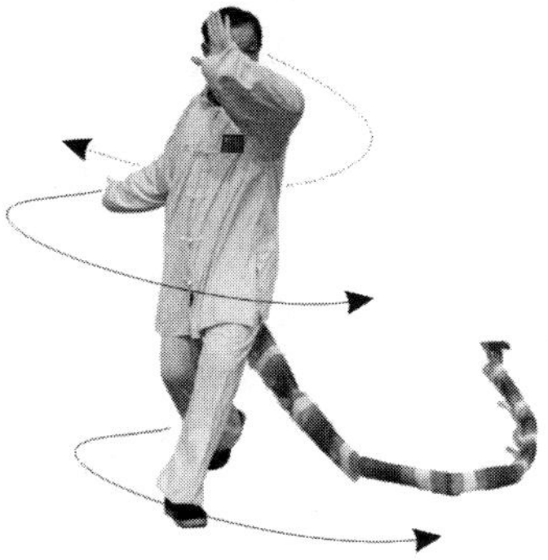

图 1–72

图 1–73

（14）第十二式　提膝圈龙

动作说明：重心左移，右腿提膝；同时左手架掌于头顶，右手持龙杆，在身体侧方，由上向左、向下、向右逆时针绕龙三圈，目视前方（图 1–74）。

动作要点：提膝时保持身体直立。

图 1–74

（15）第十三式　弓步藏龙

动作说明：右手持龙杆，从体前向后平扫，左臂平举于左侧。右脚向斜后方撤步，左腿屈膝，右腿伸直（图1–75）。同时左掌向下、向右弧形绕环，右手持龙杆，从背后向左肩外侧绕龙三圈，右腿半蹲，成右弓步；右手持龙杆，从左肩外侧向右后下方拉回身后，左掌随之从右臂处向前成侧立掌平直推出，目视左掌（图1–76至图1–79）。

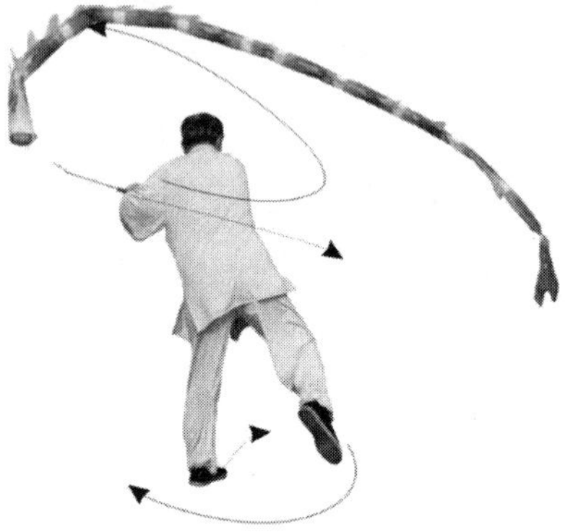

图1–75

图1–76

图1–77

图1–78

图1–79

动作要点：扫龙必须迅速，要与步法动作协调、连贯。

（16）第十四式　提膝缠头龙

动作说明：右脚不动，左脚向前一步，膝部伸直，右脚从身后屈膝在身前提起，脚背绷平，脚尖朝下；同时左掌屈肘收于额前，右手持龙杆使棍柄顺；目视前方（图 1–80、图 1–81）。

图 1–80

图 1–81

动作要点：直立腿，膝部必须挺直；提膝腿，膝部尽量提高。

（17）第十五式　马步带龙

动作说明：重心右移，右脚落地成马步，右手持龙杆，从右向前、向左合拢一次；随之两臂打开平举，做三次带龙；最后左臂从左侧屈肘上举至头顶上方成横掌，右手向右侧平举，两眼向右平视（图 1–82 至图 1–84）。

动作要点：马步带龙时，以腰发力。

图 1–82

图 1-83

图 1-84

（18）第十六式　弓步劈龙

动作说明：重心左移，左脚向左一步成左弓步，左手从上摆至左侧，同时右手持龙杆，从后向前劈龙，左臂收于右臂内侧，目视左方（图 1-85、图 1-86）。

图 1-85

图 1-86

动作要点：弓步与劈龙要保持一致。

（19）第十七式 插步反劈

动作说明： 上身右转，左腿向右后方插步，左脚蹬直脚尖落地，右腿屈膝；右手持龙杆，从右向上、向后劈龙，左掌摆至身体上方架掌（图 1–87）。

动作要点： 左腿插步时要绷直。

图 1–87

（20）第十八式 翻身左劈龙

动作说明： 上身向左后翻转，右手持龙杆，随上身翻转时从下向左、向上挑挂；上身继续向左后转，右脚向右上前一步成弓步，右手持龙杆同时从上向下、向左弧形绕环劈龙，左掌屈肘附于右腕处，目视左后方（图 1–88、图 1–89）。

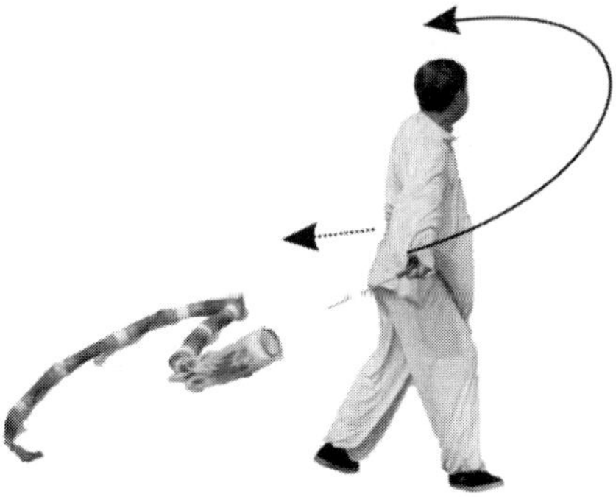

图 1–88

图 1–89

动作要点： 劈龙与转身动作连贯。

（21）第十九式 上步右劈龙

动作说明： 上左脚，身体右转，右手持龙杆，从左向上、向右劈龙，同时左手经右臂下交叉后，上举至头顶架掌，目视前方（图 1–90、图 1–91）。

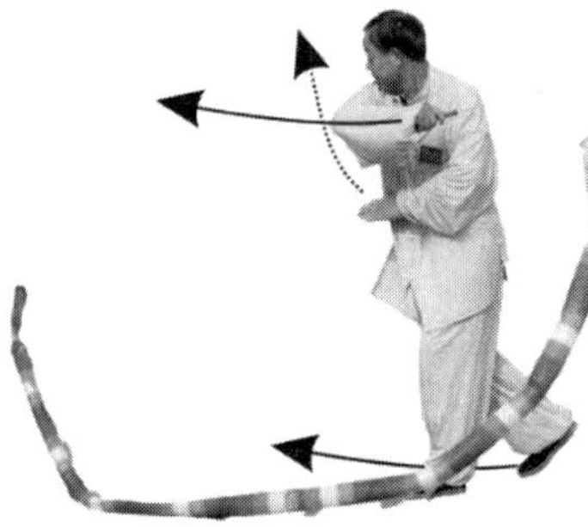

图 1–90

图 1–91

动作要点：劈龙时转腰要迅速。

（22）第二十式　盖步劈龙

动作说明：重心下移，身体微右转，左脚向右脚盖步，同时左手从下向内，右手从上向下画弧，体前交叉，眼随龙身转动（图 1–92、图 1–93）。

图 1–92

图 1–93

动作要点：步法与手法协调统一。

（23）第二十一式　翻身劈龙

动作说明：身体右转，右手持龙杆，从左下向右上方劈龙；左手随身体转动，屈臂摆至左侧，目视龙身（图 1–94、图 1–95）。

图 1-94

图 1-95

动作要点： 身体转动时用腰带动。

（24）第二十二式　转身撩龙

动作说明： 身体右转，以右脚为支点，左脚向左一步成右弓步，同时左手向左上方摆动，指尖朝上，右手持龙杆，从上向右下方劈龙，目视右方（图 1-96、图 1-97）。身体向右后方转身，右脚上前一步成右弓步（图 1-98、图 1-99）。右手持龙杆撩龙，同时左手成掌置于身体后面，目视龙杆（图 1-100）。

图 1-96

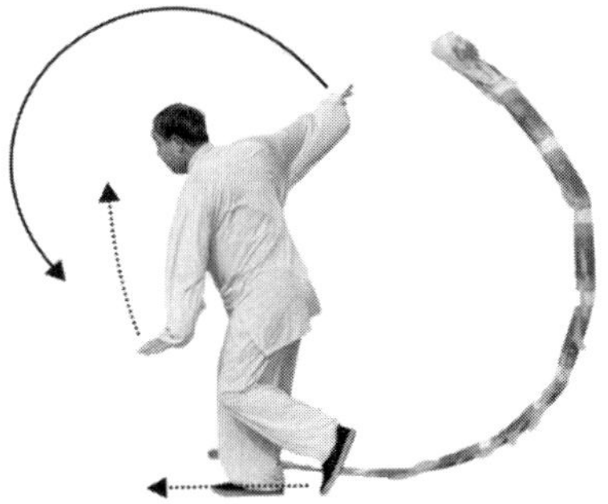

图 1-97

图 1-98

图 1–99

图 1–100

动作要点：完成动作时，转身动作与撩龙动作同时进行。

（25）第二十三式　马步八字龙

动作说明：马步站立，右手持龙杆，两手交叉在体前下方画竖“8”字，随后身体重心上移，在头顶上方画横“∞”字（图 1–101 至图 1–106）；向右转 180 度成马步，右手持龙杆，两手交叉在体前下方画竖“8”字，随后身体重心上移，在头顶上方画横“∞”字，重复三次，目视龙头（图 1–107 至图 1–112）。

图 1–101

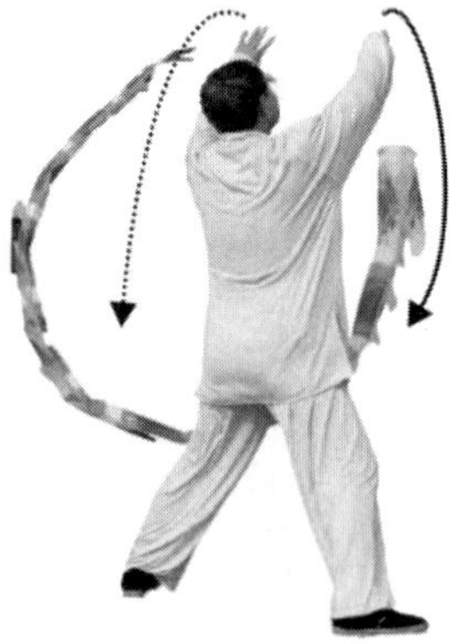

图 1–102

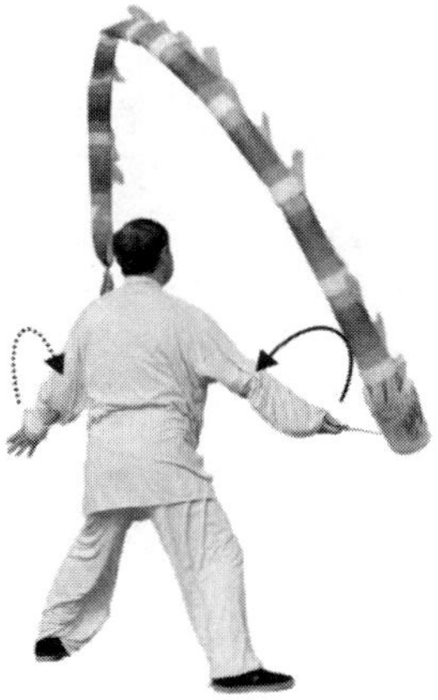

图 1–103

图 1–104

图 1–105

图 1–106

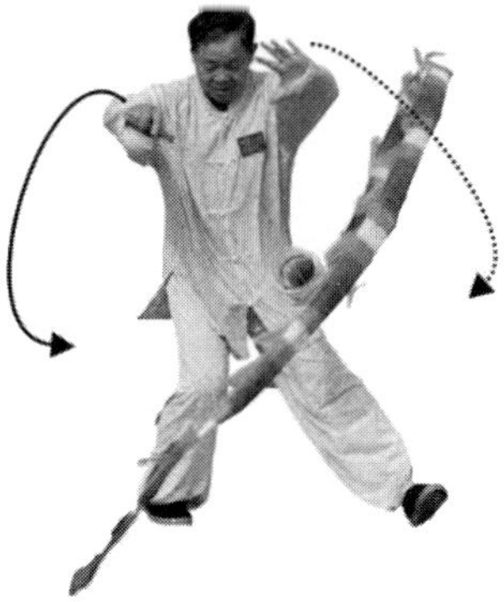

图 1–107

图 1–108

图 1–109

图 1–110

图 1–111

图 1–112

动作要点：身体上下起伏与八字武龙协调一致。

（26）第二十四式　收势

动作说明：重心右移，两臂发力向内旋，两手相合，随之向外打开；右脚并到左脚，右手持龙杆，向右摆龙，收回再向左，同时左手握龙身，放于左侧，收势，目视前方（图 1–113 至图 1–116）。

图 1–113

图 1–114

图 1–115

图 1–116

（27）练习后行武龙抱拳礼

动作说明：并步直立，右手持龙杆置于体侧，右手拇指、食指伸直，中指、无名指和小指紧握龙把，左手自然放于体侧。行礼时，左脚上前迈一步，右脚并拢左脚，成立正姿势，同时左手变掌，左、右手交汇于胸前，左掌放于右拳面上，大拇指内扣，拳掌与胸相距 20 ~ 30 厘米，两臂屈圆，与胸平齐，行武龙抱拳礼，目视前方。右脚后退，左脚收回成立正姿势，两手还原置于体侧（图 1–117、图 1–118）。

图 1–117

图 1–118

第三节　中华武龙健身的实施

一、安全从事中华武龙健身的条件

（一）参与者

少年儿童、青年及中年人。

（二）服装

进行中华武龙健身练习时可穿运动服和运动鞋，比赛时应穿有民族特色的服装。注意在平时练习和上场比赛时，不允许佩戴耳环、项链、手镯等装饰品。

（三）场地

全民健身武龙可在室外、室内比较平坦的地方练习，比赛可在长 14 米、宽 8 米的场地内进行。

（四）器具

1 米龙、2 米龙适合少年儿童习练用；3 米龙适合全民健身老、中、青等大多数人习练用；5 米龙、9 米龙等适合专业表演人群用，效果好。

二、中华武龙锻炼的注意事项

（一）少年儿童进行锻炼的注意事项

根据少年儿童的生理、心理特点，在锻炼时应注意以下问题。

①少年儿童习练中华武龙的方法应多样化，时间不宜过长，密度应小一些，练习中可安排一些短时间的休息。中华武龙运动易入门，应在“快乐武龙”中激发少年儿童学习的兴趣。

②少年儿童的可塑性很强，无论是正确或是错误的动作都容易形成习惯，教师在进行武龙教学时应注意正确示范。少年儿童的神经系统发育较早，第一信号系统的活动占主要地位，主要靠直观形象建立条件反射。他们极容易被一些新鲜事物吸引，并且好模仿，具有较强的模仿能力，因此，必须注意武龙动作的规范化教学，使其学会正确的姿势。

③剧烈运动后，少年儿童一般喜欢吃冷食或喝冷饮，这会刺激胃肠的血管突然收缩，引起功能紊乱，同时会刺激喉部，产生发痛、发哑等不适感觉。剧烈运动后也不宜大量饮水，大量饮水不仅会影响恢复的过程，而且会给身体带来一定的危害。少年儿童锻炼后的营养补充很重要，一般说来，糖、维生素、蛋白质等都需要补充。

（二）青年及中年人进行锻炼的注意事项

根据青年及中年人的生理变化和心理特点，以及工作、学习、生活实际，进行武龙锻炼时因人而异，运动量和运动强度要循序渐进，练习动作的幅度要由小到大，学习技术动作要由易到难。

①练习武龙前，锻炼者应掌握武龙的动作方法及要点，以特定的标准进行锻炼，充分做好准备活动，特别是腰、膝、踝、肩、肘、腕等关节要

活动开。

②练习武龙前，锻炼者应根据医学检查和体力测定的结果，做好锻炼安排。确定每次锻炼以消耗的能量为标准，运动强度的测定以脉搏为标准，30 ~ 39 岁者每分钟 130 次，40 ~ 49 岁者每分钟 125 次，50 ~ 59 岁者每分钟 120 次。以上标准可根据各人的身体状况适当调整。武龙锻炼多进行单势动作、组合动作（如撩龙和劈龙的组合练习）、全套动作反复练习和器械武龙练习。注意手、眼、身法、步法、精、气、神、力、功的介入，积极健康地开展武龙运动。

③练习武龙后，锻炼者应做好放松和整理活动。如进行深呼吸、上肢和下肢交替抖动放松、按摩放松、淋浴放松等。另外，锻炼出汗后，内衣和内裤要及时更换，以防患病。

④锻炼后如感到食欲不振、疲乏倦怠、头晕、心慌、睡眠不好等，可能是由于运动量过大。锻炼者必须重视，调整运动量或运动强度，必要时应咨询医生。

（三）老年人进行锻炼的注意事项

老年人身体的同化作用小于异化作用，机能日趋衰退，在心理上对体育锻炼的顾虑较多，总怀有力不从心的负担。由于老年人的体育锻炼是在特殊身体条件下进行的，所以，他们活动的内容、生理负荷和活动的方式与方法，必须与自身的生理、心理相适应。

①老年人习练武龙前，一定要记得先做全面的体质检查，充分了解自己的身体状况。锻炼前要做准备活动，锻炼时注意场地环境的安全。

②老年人习练武龙时，要循序渐进，开始锻炼时运动量要小些，可以有 10 ~ 15 分钟的观察反应期。对没有锻炼习惯的老年人来说，参加锻炼后，可能会有 3 ~ 5 分钟的不适应时期，表现为劳累、肌肉酸痛、食欲稍差，甚至睡眠变差等。适应后才能逐渐增加运动量，每增加一级负荷量都要有一段适应的时期。对多数老年人来说，运动量的增加不是直线上升的，而是波浪式渐进的。增加运动量时可延长锻炼时间，不宜加快速度。老年人应多练习太极八门五步龙，其简单易学，静心用意，呼吸自然，中正安舒，柔和缓慢，动作弧形，圆活完整。要关注老年人锻炼的乐趣，“快乐武龙”

应该是开心的，老年人以乐观的精神状态参加锻炼，不仅能健身，而且可以达到增进心理健康的目的。

③老年人习练武龙后，应安排好放松和整理活动。一般方法包括：做 5 ~ 10 次腹式深呼吸，上肢和下肢交替抖动放松 10 秒，进行 3 次；也可进行按摩放松和淋浴放松等。每天睡觉前用热水泡脚，以促进血液循环，消除疲劳。锻炼出汗后，内衣和内裤要及时更换，以防患病。

二十四式太极拳

第二章　二十四式太极拳

第一节　二十四式太极拳的基本概述

一、太极拳的定义

“太极”一词，初见《周易》。《周易·系辞上》载述：“易有太极，是生两仪，两仪生四象，四象生八卦。”其中，两仪是指阴、阳；四象是指四季和金、木、水、火；八卦是指乾、坤、巽、震、坎、离、艮、兑，代表衍生出的八种事物。在这一衍生过程中，太极是衍生天地万物的本源，万物运行的原因是阴阳相依与永无休止的阴阳转化。先哲们认为这一衍生过程体现的自然规律，是事物变化的普遍规律。因此，《周易·系辞上》提出了“一阴一阳之谓道”。

在古代，太极阴阳辩证的思维及观念，被人们作为认识问题和解决问题的依据和法则，渗透于中国人的生存方式中，根植于中国社会的方方面面，成为古人们的一种基本思维。当然，它也自然而然地渗入了中国人的人体运动方法之中，影响着古代的武术运动。

太极拳套路是以格斗技术方法为基础，应用太极学说，创编、发展起来的一种程式化的武术演练形式。

二、二十四式太极拳的产生与发展

明末清初时期，河南温县陈家沟的陈王廷文武兼备，为了“教下些弟子儿孙，成龙成虎任方便”，于晚年着手创编拳架。这是在总结民间和军队中流行拳法的基础上，取众家之长编创出的太极拳早期拳架。陈王廷所编拳架，注重动作与呼吸协调，这样的运动不仅能促进肌肉和骨节的活动，而且可以增加内脏的锻炼。这是陈王廷将古代导引吐纳法融入拳架而出现的锻炼特点。从陈王廷遗词的“《黄庭》一卷随身伴”看，早期太极拳结合的导引吐纳术主要取自道家的《黄庭经》。

陈王廷创编的拳架传至后人，经陈长兴、陈有本、杨露禅、陈青萍、武禹襄等的加工和改编后，更加突出了太极拳的健身功能。杨露禅为了适应清朝“玉体不动”的显贵达官和体弱年迈者的体质和保健需要，扩大了太极拳的传习范围，删改了陈氏老架中发劲、跳跃和难度较高的动作，创编出了一套架势宽舒、动作圆润的“绵拳”套路。陈有本的“新架”、陈青萍的“赵堡架”和杨露禅的“绵拳架”，以及吴式、孙式太极拳（也表现出柔和缓慢的运动特点），都以适应保健需要为编拳和练拳目的，这表明太极拳在发展中突出了健身功能。

20 世纪五六十年代，国家武术主管部门对太极拳的技术标准进行了规范。1956 年原国家体委组织多位太极拳家以杨式太极拳架为基础，集体创编了二十四式“简化太极拳”套路。当时还对社会上流传的杨式太极拳、剑套路进行了整理，修订为八十八式太极拳和三十二式太极剑，并且修订了杨式太极拳推手的练习法。1958 年在原国家体委组织制订的《武术竞赛规则》中，亦以杨式太极拳架的技术标准为主，制定了太极拳比赛的评分标准。这一系列创编、整理、修订和制定评分标准的工作，规范了杨式太极拳的动作规格和练法要求。经规范的太极拳架也在武术赛会中发挥了较强的示范性作用，极大地推动了杨式太极拳的普及。尤其是简化太极拳，因其运动量适中、简单易学，普及面更为广泛。由于规范化动作的大面积推广，为人数众多的太极拳比赛和大规模的集体演练活动奠定了基础。随着人民生活水平的不断提高，太极拳在全国各地普及并在全民健身活动中发挥了积极作用。

三、二十四式太极拳的功能

（一）运动负荷

人体的屈蹲和长时练习是太极拳动作产生运动负荷的主要因素。太极拳的步型与步法动作以下肢半蹲的形态为主，在半蹲位时大腿肌群收缩做功，对人体产生运动刺激，形成强度负荷。高位半蹲时，强度较小；中位半蹲时，强度中等；低位半蹲时，强度较大。上肢动作和躯干动作也能产生运动负荷，但对一般练习者而言，以步型、步法为主的下肢动作形成的运动刺激是太极拳主要的强度负荷。练习太极拳的时间是量的负荷，练习时间短，量小；练习时间中等，量中；练习时间长，量大。练习者可根据自身动作的熟练程度和体质情况，适当搭配强度与量的关系，促进身体健康。

（二）健身功能

1. 改善心肺功能

适宜的运动负荷，能使人体产生良好的身体运动适应。人体的生理机制在应对运动负荷刺激时，会产生相应的应激反应，这种反应在运动生理学上被称为运动适应。随着太极拳练习负荷的不断增加，人体的血液循环系统和呼吸系统的功能不断改善，以适应人体在运动中供能的需求。有实验表明：太极拳的一般练习者练习时心率可达 120 次 / 分以上；专业练习者练习时心率可达 180 次 / 分以上。运动生理学的相关研究表明：心率持续在 120 次 / 分左右的身体运动，能有效地改善人体的心肺功能。

另外，太极拳强调腹式呼吸，要求用呼吸支配劲力，以呼吸引导动作，开呼收吸。这样注重呼吸与动作的协调能够增加机体的肺通气量，提高血液中的氧容量，有效地改善人体的心肺功能。

2. 改善平衡能力

太极拳是以站立慢速为主的运动。在讲究阴阳转换、重心虚实的动作过程中，单脚支撑的平衡能力成为动作质量的关键。长期练习太极拳能够有效提高单腿支撑的力量，提高人体中枢神经系统的调控能力，促进人体平衡能力的发展。

3. 促进心理健康

心静忘我的动作要求，需要太极拳的练习者尽力做到：以意导气，以气调力，心与意合，意与气合，气与力合。这种将思维引向身体的内部，进行内观，注重意识、呼吸、动作的身体感觉及动作身体调控与反馈等共同形成身心合练体系，让练习者能在练习时忘却生活中的烦恼，获得心灵的宁静，达到一种忘我的境界。长期练习太极拳能促进练习者的心理健康。

第二节　二十四式太极拳的技术与方法

1. 动作名称

预备势

第一小节

第一式　起势
第二式　左右野马分鬃
第三式　白鹤亮翅
第四式　左右搂膝拗步
第五式　手挥琵琶
第六式　左右倒卷肱

第二小节

第七式　左揽雀尾
第八式　右揽雀尾
第九式　单鞭
第十式　云手
第十一式　单鞭

第三小节

第十二式　高探马
第十三式　右蹬脚
第十四式　双峰贯耳
第十五式　转身左蹬脚
第十六式　左下势独立
第十七式　右下势独立

第四小节

第十八式　左右穿梭
第十九式　海底针
第二十式　闪通臂
第二十一式　转身搬拦捶
第二十二式　如封似闭
第二十三式　十字手
第二十四式　收势

1. 动作图解

（1）预备势

动作说明：并步直立，面向正前方；两臂自然下垂，两手放在大腿外侧，眼向前平看（图 2–1）。

图 2–1

（2）第一式　起势

动作说明：身体自然直立，两脚开立，与肩同宽，脚尖向前，两臂自然下垂，两手放在大腿外侧，眼向前平看（图 2–2）。两臂慢慢向前平举，两手高与肩平，与肩同宽，掌心向下，上身保持正直（图 2–3）。两腿屈膝下蹲，同时两掌轻轻下按，两肘下垂与两膝相对，眼平看前方（图 2–4）。

图 2–2

图 2–3

图 2–4

动作要点：头颈正直，下颌微向后收，不要故意挺胸或收腹，精神要集中（起势由立正姿势开始，然后左脚向左分开，成开立步）。两肩下沉，两肘松垂，手指自然微屈。屈膝松腰，臀部不可凸出，身体重心落于两腿中间，两臂下落和身体下蹲的动作要协调一致。

（3）第二式　左右野马分鬃

动作说明：上体微向右转，身体重心移至右腿上；同时右臂收在胸前平屈，掌心向下；左手经体前向右下画弧放在右手下，掌心向上，两掌心相对成抱球状；左脚随即收到右脚内侧，脚尖点地，眼看右手（图 2–5、图 2–6）。上体微向左转，左脚向左前方迈出，右脚跟后蹬，右脚自然伸直，成左弓步；同时上体继续向左转，左右手随转体慢慢分别向左上、右下分开，左手高与眼平（掌心斜向上），肘微屈；右手落在右胯旁，肘微屈，掌心向下，指尖向前，眼看左手（图 2–7、图 2–8）。上体慢慢后坐，身体重心移至右腿，左脚尖翘起，微向外撇，随后脚掌慢慢踏实，左腿慢慢前弓，身体左转，身体重心移至左腿；同时左手翻转向下，左臂收在胸前平屈，右手向左上画弧放在左手下，两掌心相对成抱球状；右脚随即收到左脚内侧，脚尖点地，眼看左手（图 2–9、图 2–10）。右脚向右前方迈出，左腿自然伸直，成右弓步，上体右转；同时左、右手随转体分别慢慢向左下、右上分开，右手高与眼平（掌心斜向上），肘微屈；左手落在左胯旁，肘微屈，掌心向下，指尖向前，眼看右手（图 2–11、图 2–12）。图 2–13 至图 2–16，动作与前同，只是左右相反。

图 2–5

图 2–6

图 2–7

图 2–8

图 2–9

图 2–10

图 2–11

图 2–12

图 2–13

图 2–14

图 2–15

图 2–16

（4）第三式　白鹤亮翅

动作说明：上体微向左转，左手翻掌向下，左臂胸前平屈，右手向左上画弧，掌心转向上，与左手成抱球状，眼看左手（图 2–17）。右脚跟进半步，上体后坐，身体重心移至右腿，上体先向右转，面向右前方，眼看右手；然后左脚稍向前移，脚尖点地，成左虚步。同时上体微向左转，面向前方，两手随转体慢慢向右上、左下分开，右手上提停于右额前，掌心向左后方；左手落于左胯前，掌心向下，指尖向前，眼平看前方（图 2–18、图 2–19）。

图 2–17

图 2–18

图 2–19

动作要点：胸部不要挺出，两臂上下都要保持半圆形，左膝要微屈。身体重心后移和右手上提、左手下按要协调一致。

（5）第四式　左右搂膝拗步

动作说明：右手从体前下落，向后上方画弧至右肩外侧，肘微屈，手与耳同高，掌心斜向上；左手由左下向上、向右下方画弧至右胸前，掌心斜向下；同时上体先微向左，再向右转；左脚收至右脚内侧，脚尖点地，眼看右手（图 2–20 至图 2–22）。上体左转，左脚向前（偏左）迈出成左弓步；同时右手屈回由耳侧向前推出，高与鼻尖平；左手向下由左膝前搂过落于左胯旁，指尖向前，眼看右手手指（图 2–23、图 2–24）。

右腿慢慢屈膝，上体后坐，身体重心移至右腿，左脚尖翘起微向外撇，随后脚掌慢慢踏实，左腿前弓，身体左转，身体重心移至左腿，右脚收到左脚内侧，脚尖点地；同时左手向外翻掌由左后向上画弧至左肩外侧，肘微屈，手与耳同高，掌心斜向上；右手随转体向上、向左下画弧落于左胸前，掌心斜向上，眼看左手（图 2–25、图 2–26）。图 2–27 至图 2–29 与图 2–22 至图 2–24 同解，只是左右相反。图 2–30 至图 2–32 与图 2–25 至图 2–27 同解，只是左右相反。图 2–33、图 2–34 与图 2–23、图 2–24 同解。

动作要点：前手推出时，身体不可前俯后仰，要松腰、松胯。推掌时要沉肩垂肘、坐腕舒掌，同时须与松腰、弓腿协调一致。搂膝拗步成弓步时，两脚跟的横向距离保持约 30 厘米。

图 2–20

图 2–21

图 2–22

图 2–23

图 2–24

图 2–25

图 2–26

图 2–27

图 2–28

图 2–29

图 2–30

图 2–31

图 2–32

图 2–33

图 2–34

（6）第五式　手挥琵琶

动作说明： 右脚跟进半步，上体后坐，身体重心转至右腿上，上体半面向右转，左脚略提起稍向前移，变成左虚步，脚跟着地，脚尖翘起，膝部微屈；同时左手由左下向上挑举，高与鼻尖平，掌心向右，臂微屈；右手收回放在左臂内侧，掌心向左，眼看左手食指（图 2–35、图 2–36）。

图 2–35

图 2–36

动作要点： 身体要平稳自然，沉肩垂肘，胸部放松。左手上起时不要直向上挑，要由左向上、向前，微带弧形。右脚跟进时，脚掌先着地，再全脚踏实。身体重心后移和左手上起、右手回收要协调一致。

（7）第六式　左右倒卷肱

动作说明： 上体右转，右手翻掌（掌心向上）经腹前由下向后上方画弧平举，臂微屈，左手随即翻掌向上；眼的视线随着向右转体先向右看，再转向前方看左手（图 2–37、图 2–38）。右臂屈肘向前，右手由耳侧向前推出，掌心向前；左臂屈肘后撤，掌心向上，撤至左肋外侧；同时左脚轻轻提起向后（偏左）退一步，脚掌先着地，然后全脚慢慢踏实，身体重心移至左腿上，成右虚步，右脚随转体以脚掌为轴扭正，眼看右手（图 2–39、图 2–40）。上体微向左转，同时左手随转体向后上方画弧平举，掌心向上，右手随即翻掌，掌心向上；眼随转体先向左看，再转向前方看右手（图 2–41）。图 2–42、图 2–43 与图 2–39、图 2–40 同解，只是左右相反。上体微向右转，同时右手随转体向后上方画弧平举，掌心向下，左手放松，掌心向上（图 2–44）。

图 2–37

图 2–38

图 2–39

图 2–40

图 2–41

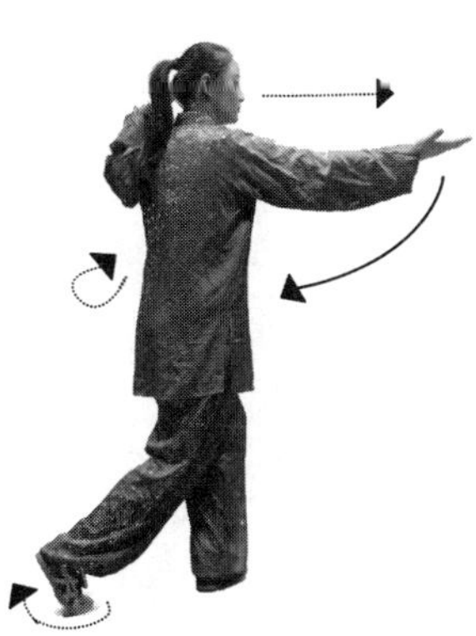

图 2–42

图 2–43

图 2–44

动作要点：前推的手不要伸直，后撤的手也不可直向回抽，随转体仍画弧线。前推时，要转腰松胯，两手的速度要一致，避免僵硬。退步时，脚掌先着地，再慢慢全脚踏实，同时，前脚随转体以脚掌为轴扭正。退左脚略向左后斜，退右脚略向右后斜，避免使两脚落在同一条直线上。后退时，眼神随转体动作先向左右看，再转看前手。最后退右脚时，脚尖外撇的角度略大些，便于接做左揽雀尾的动作。

（8）第七式　左揽雀尾

动作说明：上体向右转，左手自然下落逐渐翻掌经腹前画弧至右肋前，掌心向上；右臂屈肘，掌心转向下，收至右胸前，两手相对成抱球状；同时身体重心落在右腿上，左脚收到右脚内侧，脚尖点地，眼看右手（图 2–45）。上体微向左转，左脚向左前方迈出，上体继续向左转，右腿自然蹬直，左腿屈膝，成左弓步；同时左臂向左前方掤出（左臂平屈成弓形，用前臂外侧和手背向前方推出），高与肩平，掌心向后；右手向右下落放于右胯旁，掌心向下，指尖向前，眼看左前臂（图 2–46）。身体微向左转，左手随即前伸翻掌向下，右手翻掌向上，经腹前向上、向前伸至左前臂下方（图 2–47、图 2–48）；然后两手下捋，随即上体向右转，两手经腹前向右后上方画弧，直至右手掌心向上，高与肩齐，左臂平屈于胸前，掌心向后；同时身体重心移至右腿；眼看右手（图 2–49）。上体微向左转，右臂屈肘折回，右手附于左手腕内侧（相距约 5 厘米），上体继续向左转，双手同时向前慢慢挤出，左掌心向后，右掌心向前，左前臂要保持半圆；同时身体重心逐渐

图 2–45　　图 2–46　　图 2–47

前移变成左弓步，眼看左手腕部（图 2–50、图 2–51）。左手翻掌，掌心向下，右手经左腕上方向前、向右伸出，高与左手齐，掌心向下，两手左右分开，宽与肩同；然后右腿屈膝，上体慢慢后坐，身体重心移至右腿上，左脚尖翘起；同时两臂屈肘回收至腹前，掌心均向前下方，眼向前平看（图 2–52至图 2–54）。上式不停，身体重心慢慢前移；同时两手向前、向上按出，掌心向前；左腿前弓成左弓步，眼平看前方（图 2–55）。

动作要点：掤出时，两臂前后均保持弧形。分手、松腰、弓腿三者必须协调一致。揽雀尾弓步时，两脚跟横向距离不超过 10 厘米。下捋时，上体不可前倾，臀部不要凸出。两臂下捋须随腰旋转，仍走弧线。左脚全掌着地。向前挤时，上体要正直，挤的动作要与松腰、弓腿一致。向前按时，两手须走弧线，手腕部高与肩平，两肘微屈。

图 2–48

图 2–49

图 2–50

图 2–51

图 2–52

图 2–53

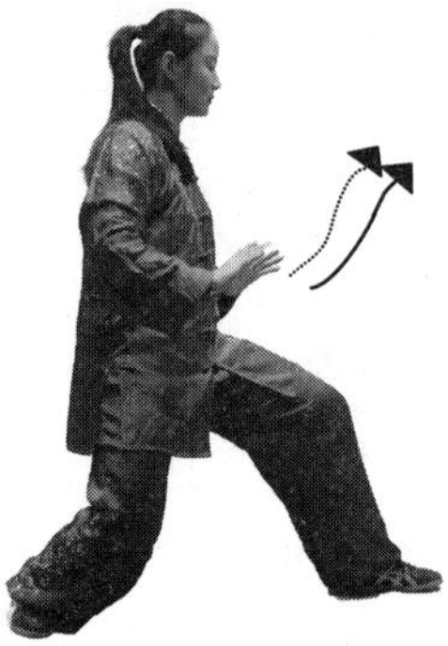

图 2–54

图 2–55

（9）第八式　右揽雀尾

动作说明：上体后坐并向右转，身体重心移至右腿，左脚尖内扣，右手向右平行画弧至右侧，然后由右下经腹前向左上画弧至左肋前，掌心向上；左臂平屈于胸前，左手掌向下与右手成抱球状；同时身体重心移至左腿上，右脚收至左脚内侧，脚尖点地，眼看左手（图 2–56 至图 2–58）。

图 2–56

图 2–57

动作要点：图 2–59 至图 2–68 均与左揽雀尾相同，只是左右相反。

图 2–58

图 2–59

图 2–60

图 2–61

图 2–62

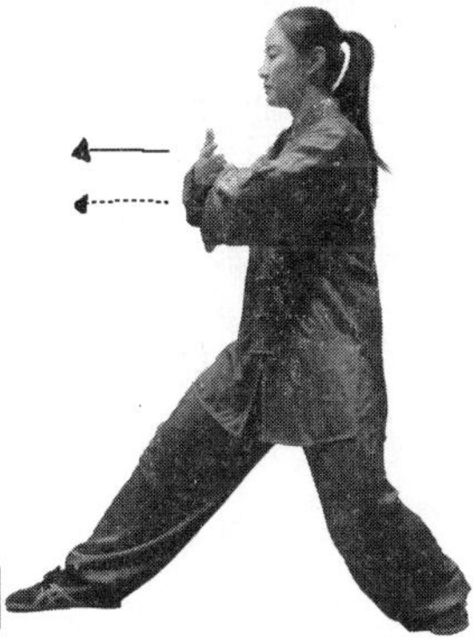

图 2–63

图 2–64

图 2–65

图 2–66

图 2-67

图 2-68

（10）第九式　单鞭

动作说明：上体后坐，身体重心逐渐移至左脚上，右脚尖内扣，同时上体左转，两手（左高右低）向左弧形运转，直至左臂平举，伸于身体左侧，掌心向左，右手经腹前运至左肋前，掌心向后上方，眼看左手（图 2-69 至图 2-71）。身体重心再渐渐移至右腿上，上体右转；左脚向右脚靠拢，脚尖点地，同时右手向右上方画弧（掌心由里转向外），至右侧方时变勾手，臂与肩平；左手向下经腹前向右上画弧停于右肩前，掌心向里，眼看左手（图 2-72、图 2-73）。上体微向左转，左脚向左前侧方迈出，右脚跟后蹬，成左弓步；在身体重心移至左腿的同时，左掌随上体继续左转，慢慢翻转向前推出，掌心向前，手指与眼齐平，臂微屈，眼看左手（图 2-74、图 2-75）。

动作要点：上体保持正直、松腰，完成时，右臂肘部稍下垂，左肘与左膝上下相对，两肩下沉。左手向外翻掌前推时，要随转体边翻边推出，

图 2-69

图 2-70

图 2-71

图 2–72

图 2–73

图 2–74

图 2–75

不要翻掌太快或最后突然翻掌。全部过渡动作要上下协调一致，如面向南起势，单鞭的方向（左脚尖）应向东偏北（大约 15 度）。

（11）第十式　云手

动作说明：身体重心移至右腿上，身体渐向右转，左脚尖内扣；左手经腹前向右上画弧至右肩前，掌心斜向后，同时右手变掌，掌心向右前；眼看右手（图 2–76）。上体慢慢左转，身体重心随之左移；左手由脸前向左侧运转，掌心渐渐转向左方；右手由右下经腹前向左上画弧，至左肩前，掌心斜向后；右脚靠近左脚，成小开立步（两脚距离 10 ~ 20 厘米），眼看左手（图 2–77、图 2–78）。上体再向右转，右手由脸前向右侧运转，掌心渐渐转向右方；左手经腹前向右上画弧至右肩前，掌心斜向后，左脚向左横跨一步（图 2–79、图 2–80）。上体再向左转，左手由脸前向左侧运转，掌心渐渐转向左方；右手经腹前向左上画弧至左肩前，掌心斜向后；右脚靠近左脚，成小开立步，眼看左手（图 2–81、图 2–82）；上体再向右转，左手由脸前向右侧运转，掌心渐渐转向右方；左手经腹前向右上画弧至右肩前，掌心斜向后，左脚向左横跨一步（图 2–83、图 2–84）；上体再向左转，左手由脸前向左侧运转，掌心渐渐转向左方；右手经腹前向左上画弧至左肩前，掌心斜向后；右脚靠近左脚，成小开立步，眼看左手（图 2–85、图 2–86）。

图 2–76

图 2–77

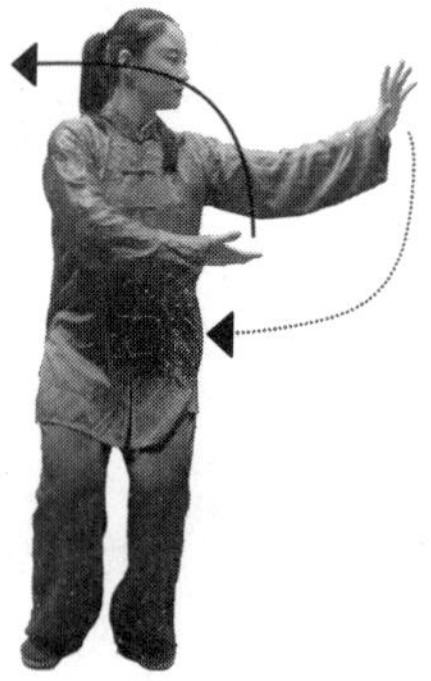
图 2–78

图 2–79

图 2–80

图 2–81

图 2–82

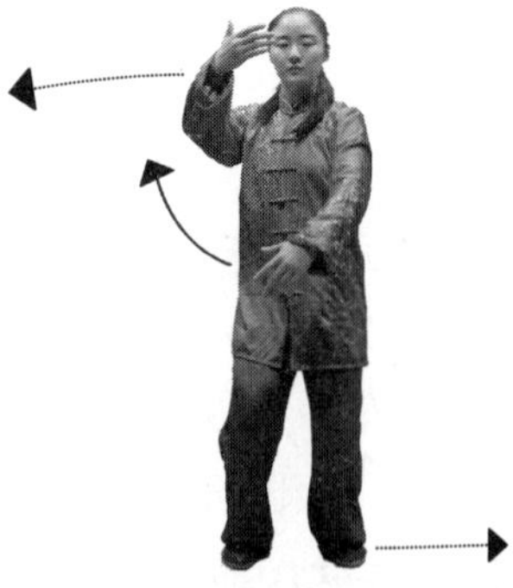
图 2–83

图 2–84

图 2-85

图 2-86

动作要点：身体转动要以腰脊为轴，松腰、松胯，不可忽高忽低。两臂随腰的转动而运转，自然圆活，速度要缓慢均匀。下肢移动时，身体重心要稳定，两脚掌先着地再踏实，脚尖向前。眼的视线随左、右手而移动。第三个云手，右脚最后跟步时，脚尖微向内扣，便于接单鞭动作。

（12）第十一式　单鞭

动作说明：上体向右转，右手随之向右运转，至右侧时变成勾手；左手经腹前向右上画弧至右肩前，掌心向内；身体重心落在右腿上，左脚尖点地，眼看左手（图 2-87、图 2-88）。上体微向左转，左脚向左前方迈出，右脚跟后蹬，成左弓步；在身体重心移至左腿的同时，上体继续左转，左掌慢慢翻转向前推出，成单鞭式（图 2-89、图 2-90）。

图 2-87

图 2-88

图 2–89

图 2–90

动作要点：与前单鞭式相同。

（13）第十二式　高探马

动作说明：右脚跟进半步，全脚掌着地，身体重心逐渐后移至右腿上；右勾手变成掌，两掌心翻转向上，两肘微屈；同时身体微向右转，左脚跟渐渐离地，眼看右前方（图 2–91）。上体微向左转，面向前方；右掌经右耳旁向前推出，掌心向前，手指与眼同高；左手收至左侧腰前，掌心向上；同时左脚微向前移，脚尖点地，成左虚步，眼看右手（图 2–92、图 2–93）。

图 2–91

图 2–92

图 2–93

动作要点：上体自然正直，双肩下沉，右肘微下垂。跟步移换重心时，身体不要有起伏。

（14）第十三式　右蹬脚

动作说明：左手掌心向上，前伸至右手腕背面，两手相互交叉，随即向两侧分开，并向下画弧，掌心斜向下；同时左脚提起向左前方进步（脚尖略外撇）；身体重心前移，右腿自然蹬直，成左弓步，眼看前方（图2–94、图2–95）。两手由外圈向里圈画弧，两手交叉合抱于胸前，右手在外，掌心均向后；同时右脚向左脚靠拢，脚尖点地，眼平看右前方（图2–96）。两臂左右画弧分开平举，肘部微屈，掌心均向外；同时右腿屈膝提起，右脚向右前方慢慢蹬出，眼看右手（图2–97、图2–98）。

图2–94

图2–95

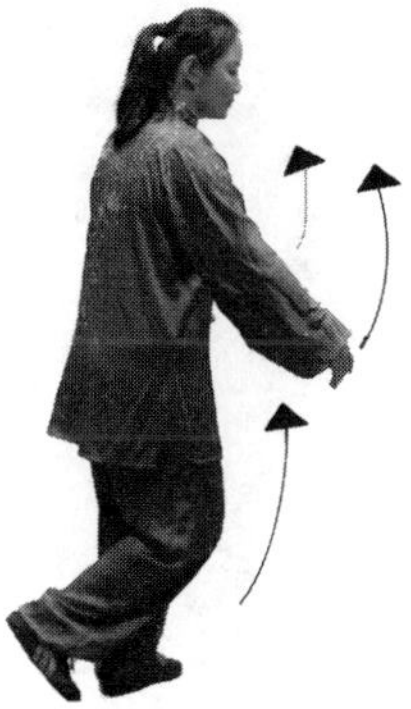

图2–96

图2–97

图2–98

动作要点：身体要稳定，不可前俯后仰。两手分开时，腕部与肩齐平。蹬脚时，左腿微屈，右脚尖回勾，劲使在脚跟。分手和蹬脚须协调一致，右臂和右腿上下相对。如面向南起势，蹬脚方向应为正东偏南（约 30 度）。

（15）第十四式　双峰贯耳

动作说明：右腿回收，屈膝平举，左手由后向上、向前下落至体前，两掌心均翻转向上，随后向下画弧分落于右膝两侧，眼看前方（图 2–99）。右脚向右前方落下，身体重心渐渐前移，成右弓步，面向右前方；同时两手下落，慢慢变拳，分别从两侧向上、向前画弧至面部前方，成钳形状，两拳相对，高与耳齐，拳眼都斜向内下（两拳中间距离 10 ~ 20 厘米），眼看右拳（图 2–100、图 2–101）。

图 2–99

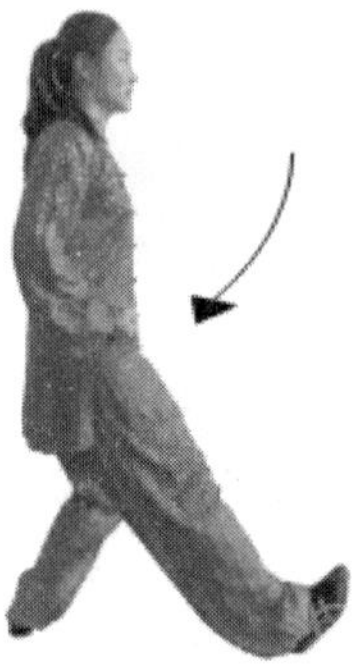
图 2–100

图 2–101

动作要点：完成时，头颈正直，松腰松胯，两拳松握，沉肩垂肘，两臂均保持弧形。双峰贯耳式的弓步及身体方向与右蹬脚的方向相同。弓步时两脚跟的横向距离同揽雀尾。

（16）第十五式　转身左蹬脚

动作说明：左腿屈膝后坐，身体重心移至左腿，上体左转，右脚尖内扣；同时两拳变掌，由上向左右画弧分开平举，掌心向前（图 2–102）。身体重心再移至右腿，左脚收到右脚内侧，脚尖点地（图 2–103）；同时两手由外圈向里圈画弧合抱于胸前，左手在外，掌心均向后，眼平看左方。两臂左右画弧分开平举，肘部微屈，掌心均向外；同时左腿屈膝提起，左脚向左前方慢慢蹬出，眼看左手（图 2–104、图 2–105）。

图 2–102

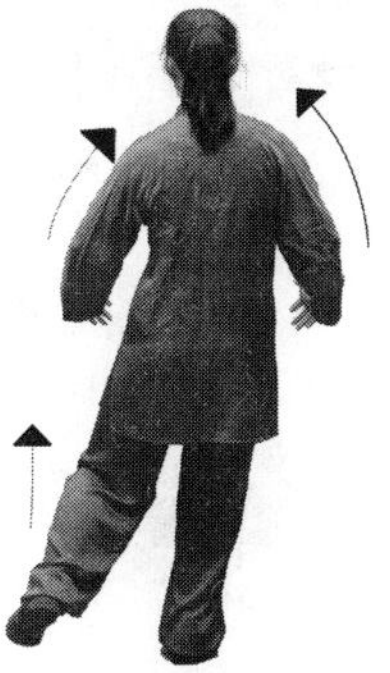
图 2–103

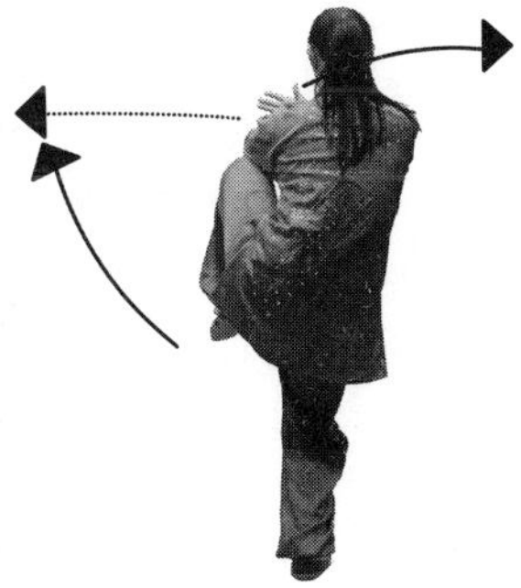
图 2–104

图 2–105

动作要点：与右蹬脚相同，只是方向相反。左蹬脚方向与右蹬脚成 180 度（正西偏北，约 30 度）。

（17）第十六式　左下势独立

动作说明：左腿收回平屈，上体右转；右掌变成勾手；左掌向上、向右画弧下落，立于右肩前，掌心斜向后，眼看右手（图 2–106）。右腿慢慢屈膝下蹲，左腿由内向左（偏后）伸出，成左仆步；左手下落（掌心向外），向左下沿左腿内侧向前穿出，眼看左手（图 2–107）。身体重心前移，以左脚跟为轴，脚尖尽量向外撇，左腿前弓，右腿后蹬，右脚尖内扣，上体微向左转并向前起身；同时左臂继续向前伸出（立掌），掌心向右；右勾手下落，指尖向后，眼看左手（图 2–108）。身体向左转，右腿慢慢提起平屈，成左独立式；同时右勾手变掌，并由后下方顺右腿外侧向前弧形摆起，屈臂立于右腿上方，肘与膝相对，掌心向左；左手落于左胯旁，掌心向下，指尖向前，眼看右手（图 2–109、图 2–110）。

图 2–106

图 2–107

图 2–108

图 2–109

图 2–110

动作要点：右腿全蹲时，上体不可过于前倾。左腿伸直，左脚尖须向内扣，两脚掌全部着地，左脚尖与右脚跟踏在中轴线上。上体要正直，独立腿微屈，右腿提起时脚尖自然下垂。

（18）第十七式　右下势独立

动作说明：右脚下落于左脚前，脚掌着地，然后以左前脚掌为轴，脚跟转动，身体随之左转；同时左手向后平举变成勾手，右掌随着转体向左侧画弧，立于左肩前，掌心斜向后，眼看左手（图 2–111 至图 2–113）。图 2–114 至图 2–116 同左下势独立，只是方向相反。

图 2–111

图 2–112

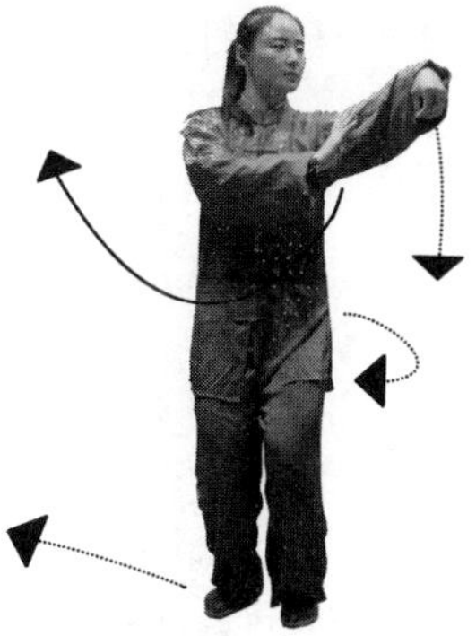
图 2–113

图 2–114

图 2–115

图 2–116

动作要点：右脚尖触地后必须稍微提起，然后再向右仆腿。其他均与左下势独立相同，只是方向相反。

（19）第十八式　左右穿梭

动作说明：身体微向左转，左脚向前落地，脚尖外撇，右脚跟离地，两腿屈膝成半坐盘势；同时两手在左胸前成抱球状（左上右下）；然后右脚收到左脚的内侧，脚尖点地，眼看左前臂（图 2–117、图 2–118）。身体右转，右脚向右前方迈出，屈膝弓腿，成右弓步；同时右手由腹前向上举并翻掌停在右额前，掌心斜向上；左手先向左下，再经体前向前推出，高与鼻尖平，掌心向前，眼看左手（图 2–119、图 2–120）。身体重心略向后移，右脚尖稍向外撇，随即身体重心再移至右腿，左脚跟进，停于右脚内侧，脚尖点地；

同时两手在右胸前成抱球状(右上左下),眼看右前臂(图2-121)。图2-122、图2-123与图2-119、图2-120同,只是方向相反。

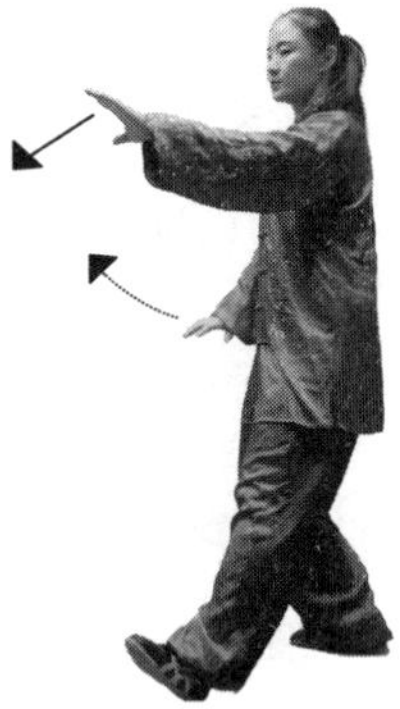
图2-117

图2-118

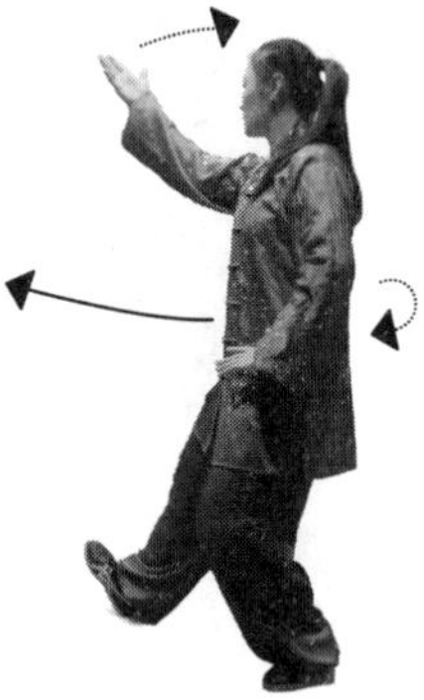
图2-119

图2-120

图2-121

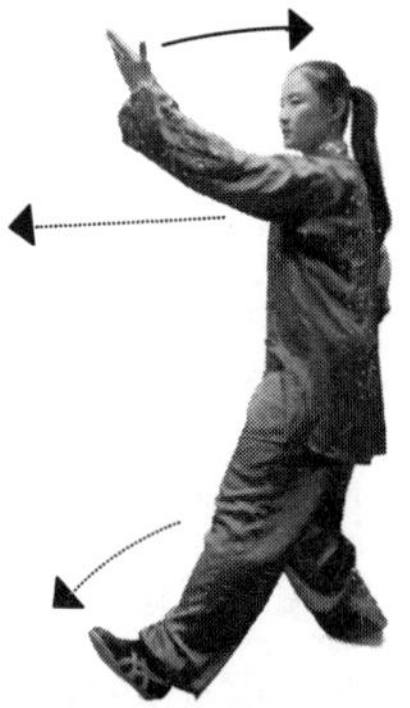
图2-122

图2-123

动作要点：完成时，面向斜前方（如面向南起势，左、右穿梭的方向分别为正西偏北和正西偏南，均约 30 度）。手推出后，上体不可前俯。手向上举时，勿引肩上耸；一手上举一手前推，与弓腿、松腰协调一致。成弓步时，两脚跟的横向距离同搂膝拗步，保持在 30 厘米左右。

（20）第十九式　海底针

动作说明：右脚向前跟进半步，脚掌着地，身体重心移至右腿，左脚向前移，脚尖点地，成左虚步；同时身体稍向右转，右手下落经体前向后、向上提抽至肩上耳旁，再随身体左转，由右耳旁斜向前下方插出，掌心向左，指尖斜向下；与此同时，左手向前、向下画弧落于左胯旁，掌心向下，指尖向前，眼看下方（图 2-124 至图 2-126）。

图 2-124

图 2-125

图 2-126

动作要点：身体要先向右转，再向左转。完成时，面向正西，上体不可太前倾。避免低头及臀部外凸，左腿应微屈。

（21）第二十式　闪通臂

动作说明：上体稍向右转，左脚向前迈出，屈膝弓腿，成左弓步；同时右手由体前上提，屈臂上举，停于右额前上方，掌心翻转斜向上，拇指向下；左手上起经胸前向前推出，高与鼻尖平，掌心向前，眼看左手（图 2-127、图 2-128）。

动作要点：完成时，上体自然正直，松腰、松胯，左臂不要完全伸直，背部肌肉要伸展开。推掌、举掌和弓腿动作要协调一致。弓步时，两脚跟横向距离同揽雀尾（不超过 10 厘米）。

图 2–127

图 2–128

（22）第二十一式　转身搬拦捶

动作说明：上体后坐，身体重心移至右腿上，左脚尖内扣，身体向右后转，然后身体重心再移至左腿上；同时，右手随着转体变拳向右、向下经腹前画弧至左肋旁，拳心向下；左掌上举于头前，掌心斜向上，眼看前方（图 2–129）。向右转体，右拳经胸前向前翻转撇出，拳心向上；左手落于左胯旁，掌心向下，指尖向前；同时右脚回收后（不要停顿或脚尖点地）立即向前迈出，脚跟着地，脚尖外撇，眼看右拳（图 2–130、图 2–131）。身体重心移至右腿上，左脚向前迈一步，脚跟着地，左手上起经左侧向前上画弧拦出，掌心向前下方；同时右拳向右画弧收到右腰旁，拳心向上，眼看左手（图 2–132）。左腿前弓，成左弓步，同时右拳向前打出，拳眼向上，高与胸平；左手附于右前臂内侧，眼看右拳（图 2–133）。

图 2–129

图 2–130

图 2–131

图 2–132

图 2–133

动作要点：右拳不要握得太紧，回收时，前臂要慢慢内旋画弧，然后再外旋停于右腰旁，拳心向上；向前打拳时，右肩随拳略向前引伸，沉肩垂肘，右臂微屈。弓步时，两脚横向距离同揽雀尾。

（23）第二十二式　如封似闭

动作说明：左手由右腕下向前伸出，右拳变掌，两手掌心逐渐翻转向上并慢慢分开回收至胸前；同时身体后坐，左脚尖翘起，身体重心移至右腿，眼看前方（图 2–134 至图 2–136）。两手在胸前翻掌下按，由下经腹前再向上、向前推出，腕部与肩平，掌心向前；同时左腿前弓，成左弓步，眼看前方（图 2–137、图 2–138）。

图 2–134

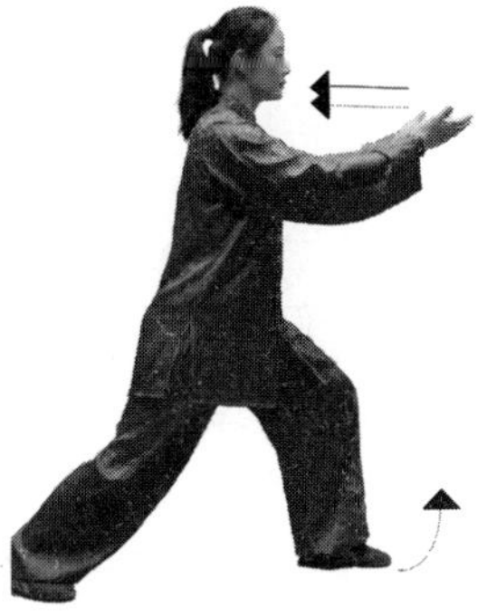

图 2–135

图 2–136

图 2–137

图 2–138

动作要点：身体后坐时避免后仰，臀部不可凸出。两臂随身体回收时，肩、肘略向外松开，不要直着抽回，两手推出宽度不要超过两肩。

（24）第二十三式　十字手

动作说明：屈膝后坐，身体重心移至右腿，左脚尖内扣，向右转体；右手随着转体动作向右平摆画弧，与左手成两臂侧平举，掌心向前，肘部微屈；同时右脚尖随着转体稍向外撇，成右弓步，眼看右手（图 2–139、图 2–140）。身体重心慢慢移至左腿，右脚尖内扣，随即向左收回，两脚距离与肩同宽，两腿逐渐伸直，成开立步；同时两手向下经腹前向上画弧交叉合抱于胸前，两臂撑圆，腕高与肩平，右手在外，成十字手，掌心向后，眼看前方（图 2–141、图 2–142）。

图 2–139

图 2–140

图 2-141

图 2-142

动作要点：两手分开和合抱时，上体不要前倾。站起后，身体自然正直，头要微向上顶，下颌稍向后收。两臂环抱时须圆满舒适，沉肩垂肘。

（25）第二十四式　收势

动作说明：两手向外翻掌，掌心向下，两臂慢慢下落，停于身体两侧，眼看前方（图 2-143 至图 2-148）。

动作要点：两手左右分开下落时，要注意全身放松，同时气徐徐下沉（呼气略加长）。呼吸平稳后，把左脚收到右脚旁，成站立式。

图 2-143

图 2-144

图 2-145

图 2–146

图 2–147

图 2–148

第三节　二十四式太极拳健身的实施

一、安全从事二十四式太极拳健身的条件

二十四式太极拳动作简单易学，适用人群广泛，凡心理正常、有一般运动能力的人都可进行学习和锻炼。由于二十四式太极拳运动柔和缓慢，在习练中要求心静体松，思维内倾，适合有强身健体、延年益寿需要的中老年人。身体健康，发育正常的青少年儿童，生性活泼，体质旺盛，除体弱多病者外，不宜选择动作缓慢的太极拳作为主要的身体锻炼手段。

在学练太极拳时，练习者衣着宽松，场地平坦，环境安静，气候适宜即可。

二、二十四式太极拳锻炼的注意事项

（一）初级练习者锻炼的注意事项

1. 练习目的

①初步学会太极拳套路，基本掌握正确的动作方法。

②初步掌握“心与意合、意与气合、气与力合”的运动方法，能够做到心静和用呼吸引导动作。

③坚持学习、练习，养成锻炼习惯。

④根据身体能力，控制好运动负荷，逐渐改善体质。

2. 主要练习方法

①教学法：跟着教师、教学影像学习，学会基本动作，逐步掌握组合、分段和全套动作。

②重复练习法：对组合、分段和全套动作进行有计划的反复练习，熟练动作。

3. 负荷控制

初学者在动作不熟练、下肢力量差、耐受力不够的情况下，运动强度不宜过大，腿部半蹲不宜太低。一次练习时间不宜过长，可控制在 3 分钟左右，间歇 1 分钟后，再进行下一次练习。累计练习时间 30 分钟左右。

（二）提高心肺功能的练习者锻炼的注意事项

1. 练习目的

①在熟练太极拳套路的基础上，通过持续运动，改善人体的心肺功能。

②基本掌握“心与意合、意与气合、气与力合”的运动方法，能够做到心静和用呼吸引导动作。

2. 主要练习方法

①重复练习法：对单个、组合、分段和全套动作进行有计划的反复练习。

②持续练习法：对某动作持续不停地练习，时间控制在 10～15 分钟。

3. 负荷控制

可根据自身的技术和体能情况，合理安排练习内容，选择好练习方法。练习后，心率控制在 120 次 / 分为宜（心率标准，慎重制定）。

可用渐进法控制好自己的运动负荷。相对固定练习内容和方法，练习十天半个月后，练习者感觉心肺能力能够适应运动负荷，可适当增加练习的次数、时间，提高运动量或减少间歇时间，增强运动强度；再进行一段时间的练习，可增加运动负荷，直到心肺能力达到最佳适应状态。

在调控运动负荷时，一定要以自己身体的适应度为准。

（三）提高平衡能力的练习者锻炼的注意事项

1. 练习目的

①在熟练太极拳套路的基础上，通过练习改善人体的平衡功能。

②基本掌握“心与意合、意与气合、气与力合”的运动方法，能够做到心静和用呼吸引导动作。

2. 主要练习方法

①针对练习法：选择平衡、控腿等单脚支撑的动作进行重复练习。

②重复练习法：对单个、组合、分段和全套动作进行有计划的反复练习。

3. 负荷控制

练习次数、时间可根据平衡能力提高的程度进行调整。

（四）改善神经系统和调节心理状态练习者锻炼的注意事项

1. 练习目的

熟练掌握“心与意合、意与气合、气与力合”的运动方法，达到心静体松，以意控力的状态。

2. 主要练习方法

①重复练习法：全套动作进行反复练习。

②持续练习法：全套动作进行多套持续练习，时间控制在 10 ~ 15 分钟。

3. 负荷控制

以练习者“入静”的专注深度为练习强度，保持一定的专注深度练习时间为练习量，这种强度与量的负荷搭配练习是改善神经系统和调节心理状态的有效方法。

武当太极拳九势

第三章　武当太极拳九势

第一节　武当太极拳九势基本概述

一、武当太极拳九势的产生与发展

土生土长的武当武术，产生于道教长期追求长生久视的修炼活动中。它来自古代中国文化的土壤，历经千百年风风雨雨，凝结着无数先贤大德的心血，在历代武当拳功传人的精心钻研下，繁衍派生出许多拳种门类和养生功法，其根深叶茂，内容丰富，技道并重，内外兼修。它具有神秘感，具有吸引力，具有凝聚力，更具有醇厚迷人的神韵。2006 年 5 月 20 日，武当武术经国务院批准，被列入第一批国家级非物质文化遗产名录。发挥名山、名拳的资源优势，让更多的人了解武当武术，学习武当武术，推广武当武术，打造世界级品牌，不仅是时代的呼唤，也是东西方体育文化交流互补的需要。然而，很多人学习武当拳时，却深感难以入门。武当太极拳九势正是在这种背景下顺势而生。其自 2014 年创编推广以来，目前已经成为武术进校园、进社区、进机关、进企业、进军营、进乡村等全民健身活动的主要内容，也被武当山城乡内外乃至国内外爱好武当武术的人士，列入学习武当入门功夫的主要项目。

二、武当太极拳九势的功能

武当太极拳九势取武当老架太极拳动作之精华，删繁就简，科学组合，动作更加简便，更具有代表性。其套路短小精干，易学、易记、易练。套路动作在时间上、场地上、内容上更有利于推广，普及性增强。它不仅能满足人们学练武当武术养身、健身、防身的社会需求，而且扩大了不同性别、年龄、人群学练武当太极拳的适应性。它是在继承传统基础上的发展和创新，能使武当武术更好、更快地惠及人民大众，入门不难，深造也是可以实现的。虽然武当太极拳九势动作简单，但是健身效果明显，人们在长期习练中，既可用心体悟到太极八法的精髓，又可修身养性，久而久之能达到舒筋活血、柔肢润脉、增进健康、延年益寿的目的。

第二节　武当太极拳九势的技术与方法

一、武当太极拳九势的基本动作

（一）基本技法要求

1. 提起精神，虚灵顶劲

虚灵顶劲，即头向上顶起时，意想头顶百会穴轻轻上提，要虚灵自然，它讲究头正、顶平、项直、颏收。它除了可以使头部自然垂直，防止前俯后仰、左右歪斜外，还能使中枢神经系统更好地调节全身各个系统和器官的机能活动，高度发挥对人体平衡的控制，对全身有至关重要的作用。习练此法有利于舒心提神，对“呼吸顺遂”“气贴脊背”也有极大帮助。

2. 含胸拔背，沉肩坠肘

含胸是指胸骨下端向下压，同时因为胸骨下端向下压的力而带动上端向上微撑，所以它真正的含义是下沉而不是内收。拔背是指把胸椎的曲度拔直，然后向上顶，拉开、拉长。含胸可以使心气下降到下丹田，使重心从胸关节下降到腰关节，使身体更容易保持在平衡稳定的状态。胸廓内含，也有利于腹式呼吸。拔背可以使胸、背、肩各部位连成整体，习练时先把背拔起、拔直，然后在拔背的基础上尽可能地把胸骨下压，以组合成最佳布局。这样，肌肉松沉，有张力、有弹力，有绷紧的感觉，有利于蓄劲和化劲。

沉肩首先须放松两肩关节，不使其耸起，进而舒展肩部肌肉和韧带，腋下虚，使两肩向下沉坠，同时微微向里裹劲，使劲贯上肢。坠肘时肘尖下垂，除肘部须高于和平于肩部的动作外，肘尖都应垂朝下方。要做好沉肩坠肘，必须从全身放松的角度去整体实现它。含胸拔背，沉肩坠肘，二者相辅相成。

3. 气沉丹田，松腰敛臀

气沉丹田指在采用腹式深呼吸的基础上，用意识引导气感下行获得的一种对丹田的刺激感。此外，在采用腹式逆呼吸的深呼气或腹式顺呼吸的深吸气时，横膈膜下降，促成小腹充实并呈凸出状，被认为是气沉到丹田了。气沉丹田要求练习者在练拳时身正体松，宽胸实腹，呼吸要顺其自然，如此才能练精化气，积累内气，形成内劲。

松腰，有助于沉气，稳定重心，更重要的是它对动作的进退旋转、用躯干带动四肢的活动及动作的完整性起着主导作用。敛臀是在含胸拔背和松腰的基础上使臀部稍做内收。敛臀时，尽量放松臀部和腰部肌肉，轻轻使臀肌向外下方舒展，然后再轻轻向前收敛，就像用臀把骨盆包起来，又像用臀把小腹托起来那样，不仅有利于机体做好平衡动作，而且有利于气沉丹田，达到重心下降的作用。

4. 尻道上提，尾闾中正

尻，脊骨的末端，即臀部。尻道上提，即提肛敛臀。尾闾指尾骨部位，是脊柱的最末端部分。尾闾中正指有意识地使尾椎向内、向下垂，保持中正状态。由于尾闾与臀部关联，尾闾中正又被引申为臀部不可向后撅起，应保持向内收敛的意思。习练太极拳时必须重视尾闾中正，不论是端正的或是倾斜的动作姿势，都必须保持尾闾与脊椎成一条直线，处于中正状态。更重要的是，尾闾中正还影响着下盘的稳固，它同虚灵顶劲、含胸拔背、气沉丹田、沉肩坠肘、松腰敛臀是关系身躯、动作、姿势“中正安舒，支撑八面”的准星。如此才能使躯干、上下肢的内在劲力达到完整如 的地步。

（二）基本技法特点

1. 和合中正，静心沉气

和合中正，即身体不偏不倚，恰好合适，中正安闲。无论四肢动作如何变化，都要保持头至身躯与会阴穴始终形成一条直线与地面垂直，重心平稳，身体保持平衡。同时，讲究静心慢练，自然轻松，心无杂念，平心静气，气沉下丹田，注意力集中。使意识、气息、动作内外相合，周身一体，如此才能圆活自如，协调完整。

2. 柔而不软，活而不僵

太极拳是刚柔相济之拳，柔是气，是走化，是防守。柔化有利于蓄劲、调气血、疏经络、蓄能量。刚是力，是打，是攻。刚发则意、气、劲、形内外合一，能产生整体效应。柔劲无限，刚劲有限。柔只是表象，而刚必在其中。硬则易失，软则被欺，柔中无刚则软，刚中无柔则硬。柔而不软，即打拳时以松柔为本，以圆为纲，刚柔相济，外柔内刚。活而不僵，太极拳讲究用活力而非拙力，去掉僵力，上下劲畅，身体四肢放松，自然不僵硬，通畅无滞，圆活自如，自然协调。

3. 上下相随，左右争衡

上下相随，要求身体上半身和下半身动作要协调一致，连贯圆活。要做到外三合，即“手与足合、肘与膝合、肩与胯合”；同时更为重要的是做好内三合，即“心与意合、意与气合、气与劲合”。只有内外相随，才能达到手到、足到、意到、气到、劲到，一到俱到的境界，才能做到节节贯穿、相连不断。

左右争衡是左侧发劲，右侧用力，或右侧发劲，左侧用力。裆胯、两膝、两踝均要求内外平衡，否则身体容易偏离中心而失控，造成气不顺，劲不整。为此，必须左右兼顾，保持身体中正，手脚协调，角度适当，即便在身体不平衡的情况下亦要通过躯体的调整保持平衡。

4. 八法五步，势势相连

八法五步是指太极拳的八种手法和五种步法。八法，即掤、捋、挤、按、采、挒、肘、靠；五步，即前进、后退、左顾、右盼、中定。太极拳讲究以意行气，以气运行，招招式式由意念所引。习练时，身体上下统一，手脚协调，八法五步招招互有连贯、糅合，连绵不断，圆转自如，一气呵成。

二、武当太极拳九势的套路练习

1. 动作名称

练习前行抱拳礼

预备势

第一势　起势（引气归元）　　第二势　怀抱阴阳

第三势　野马分鬃
第四势　揽雀尾
第五势　叶底摘桃（采）
第六势　玉龙抖鳞（捌）
第七势　道人闩门（肘）
第八势　推山填海（靠）
第九势　收势（正气长存）

收　势

练习后行抱拳礼

2. 动作图解

（1）预备势

动作说明：并步，松静站立，头正，双目垂帘，两臂垂于大腿两侧，两掌心向内（图 3–1）。左脚向左提起，平移落步，与肩同宽，同时，两手在腹前相合，左手在外，右手在内，两虎口自然呈弧形，大拇指相接，右手指叠于左手指之上，呈圆形（小太极），自然站立（图 3–2）。

图 3–1

图 3–2

动作要点：立身中正，体松凝神，虚灵顶劲。

（2）第一势　起势（引气归元）

动作说明：两臂侧平举，掌心向下，举至与肩高，两手向前平移至胸前，虎口相对；身体微下蹲，同时，两手下按至腹前时两手翻掌，由身体两侧向后、向前画弧于腹前虎口相对，如此三次（图 3–3 至图 3–5）。

动作要点：敛臀沉胯，形圆气敛，气沉丹田。

（3）第二势　怀抱阴阳

动作说明：接上式，身体下蹲成马步，两手按至腹前，继而左手下，

图 3–3

图 3–4

图 3–5

右手上，掌心相对成抱球状；上体左转 90 度，重心移至左腿，右腿伸直，两脚不动，同时，两肘下沉，两手抱球，随上体的旋转，成左手上、右手下的抱球状，置于体前；身体重心后移至右腿，上体后坐，成左虚步，两手抱球，姿势不变（图 3–6 至图 3–8）。身体重心不变，上体右旋 180 度，同时，两肘下沉，两手抱球，随上体的旋转，成右手上、左手下的抱球状，置于体前；身体重心后移至左腿，上体后坐，成右虚步，两手抱球，姿势不变（图 3–9、图 3–10）。

动作要点：胯旋阴阳，手抱太极，如环无端。

图 3–6

图 3–7

图 3–8

图 3–9

图 3–10

（4）第三势 野马分鬃

动作说明：接上式，重心移至右腿，两腿屈膝下蹲，左脚随之收到右脚内侧，脚尖点地；同时两手画弧交换成右手上、左手下，掌心相对，成右抱球状，眼看右手（图 3–11）。上体左转，左脚向左前方迈出，右脚跟后蹬成左弓步；同时左、右手分别慢慢向左上、右下分开，左手高与眼平（掌心向后），肘微屈；右手落在右胯旁，掌心向下，指尖向前，眼看左手（图 3–12）。

图 3–11

图 3–12

动作要点：以腰为轴，两手弧形，掤要圆撑。

（5）第四势 揽雀尾

动作说明 1：接上式，右手前推，重心后移，身体后坐；两手画弧交换，左手上、右手下，掌心相对成左抱球状；同时两腿屈膝下蹲，重心再移至左腿，右脚随之收到左脚内侧，脚尖点地，眼看左手（图 3–13）。掤，右脚向右迈出，身体下蹲；两臂在胸前相抱呈弧形，高不过口，右臂上、左臂下，两掌心向里，前臂由下向上、向外张架，圆满有张力，劲力浑圆向外；同时，左脚上半步在右脚后，脚尖点地，眼看右手（图 3–14）。

图 3–13

图 3–14

动作要点 1：圆转灵活，保持弧形，两臂圆撑。

动作说明 2：捋。左脚后退半步，身体重心后移至左腿，微向左转，左掌心向上，右掌心向下，两手随身体中轴的旋转而后移，由前向下、向左画弧下捋，直至两手平屈于身体左侧，高不过肩（图 3–15、图 3–16）。

图 3–15

图 3–16

动作要点 2：不可直抽，分清虚实，捋在掌中。

动作说明 3：挤。接上式，身体微向右转，右臂屈肘收回，左手附于右手腕内侧，双手同时向前慢慢挤出，左掌心向下，右掌心向上，右前臂保持半圆；同时，身体重心前移成右弓步，眼看右腕部（图 3–17、图 3–18）。

图 3–17

图 3–18

动作要点 3：手臂圆环，身形如弓，挤在手背。

动作说明 4：按。接上式，右掌心向上、向右微微平圆画弧，高不过头，同时，重心后移至左腿，右手翻掌下按至腰部，手腕微塌；重心再移至右腿，身体下沉，劲走下盘，左手置于右手腕处，掌心向下，左脚尖在右腿后点地，眼看右手（图 3–19）。

图 3–19

动作要点 4：上下随应，整体下沉，按在腰攻。

（6）第五势　叶底摘桃（采）

动作说明：接上式，左脚向前与右脚并步，身体直立，两手向上举，由掌变拳，与肩同宽，两臂内旋，直中求曲；曲臂坠肘，由上向下，左拳落于右肘处，两拳心向上，如水银泻地，随曲就伸，以顺为主；同时，后撤左步成四六步（半马步），眼看右手（图 3–20、图 3–21）。

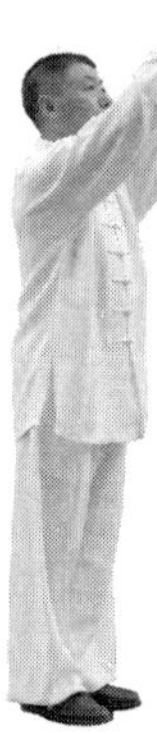

图 3-20

图 3-21

动作要点：由上向下，直中求曲，采在十指。

（7）第六势　玉龙抖鳞（挒）

动作说明：重心移至左腿，右腿收至左脚内侧；同时，两拳变掌，左手插入右臂下，两掌心向上，眼看右手（图 3-22）。向右后撤右腿，成四六半（半马步），同时左手从右臂下捋出，掌心向上托掌，右掌心向外，虎口向左，两手同时以腰带动，向右侧捋带，弹性发力，眼看左手（图 3-23）。重心移至右腿，左腿收至右脚内侧，脚尖点地；同时，右手插入左臂下，两掌心向上，眼看左手（图 3-24）。向左后撤左腿，成四六步（半马步），右手从左臂下捋出，掌心向上托掌，左掌心向外，虎口向右，两手同时以腰带动，向左侧捋带，弹性发力，眼看右手（图 3-25）。

图 3-22

图 3-23

图 3–24

图 3–25

动作要点： 旋转发力，身体为轴，挒在两肱。

（8）第七势　道人闩门（肘）

动作说明： 接上式，起身两手胸前画弧绕环，由上向下，屈臂坠肘，双手下采，眼看双手。继而身体重心后移至左腿，右腿提起，脚尖点地，成右虚步，同时右臂屈肘，右手握拳，拳面附腰，右肘下压，肘尖朝前，左手伸出附于右臂，眼看右肘（图 3–26）。重心移至右腿，左脚提起，脚尖点地，成左虚步；同时，左臂屈肘，左手握拳，拳面附腰，左肘下压，肘尖朝前，右手伸出附于左臂，眼看左肘（图 3–27）。

图 3–26

图 3–27

动作要点： 辨清虚实，左右逢源，肘在屈使。

（9）第八势　推山填海（靠）

动作说明： 左拳变掌，掌心向下，置于左胯旁，右掌前伸，掌心向上，成左虚步，眼看右手（图 3–28）。左脚前上半步，成四六步（半马步），左手屈肘后伸贴腰背，掌心向外；右手屈肘上架，掌心斜向上，向左前方用肩胸靠击，眼看左方（图 3–29）。左脚尖内扣，重心移至左腿，身体右转，左手前伸，掌心向上，右手下落，掌心向下，置右胯旁，成右虚步，眼看左手（图 3–30）。右脚前上半步，成四六步（半马步），右手屈肘后伸贴腰背，掌心向外；左手屈肘上架，掌心斜向上，向右前方用肩胸靠击，眼看右方（图 3–31）。

图 3–28

图 3–29

图 3–30

图 3–31

动作要点：顺背挤推，周身一体，靠在肩胸。

反方向动作相同。

动作说明：重心移至左腿，两腿屈膝下蹲，两手画弧，成左抱球状，右脚随之收至左脚内侧（图 3–32）→右野马分鬃（图 3–33）→揽雀尾（图 3–34 至图 3–40）→叶底摘桃（图 3–41、图 3–42）→玉龙抖鳞（图 3–43 至图 3–46）→道人闩门（图 3–47、图 3–48）→推山填海（图 3–49 至图 3–52）。

图 3–32

图 3–33

图 3–34

图 3–35

图 3–36

图 3–37

图 3–38

图 3–39

图 3–40

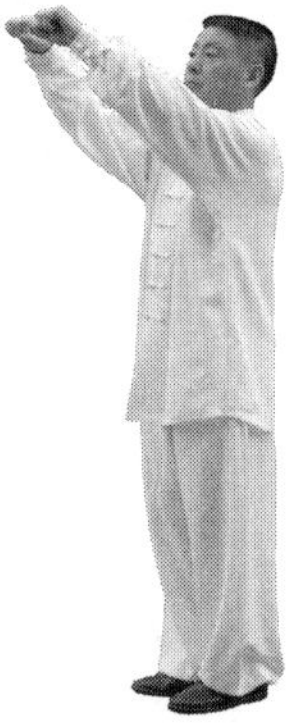
图 3-41

图 3-42

图 3-43

图 3-44

图 3-45

图 3-46

图 3-47

图 3-48

图 3-49

图 3-50

图 3-51

图 3-52

（10）第九势　收势（正气长存）

动作说明：左、右手在体前，后下落至身体两侧不停，继而两手侧平举，掌心向上，举至头上方，变掌心向下；同时，右脚向左脚收回半步，与肩同宽，两掌经头、胸前下按至腰部，收至大腿两侧（图 3-53 至图 3-55）。左脚向右脚靠拢，并步直立，眼平视前方（图 3-56）。

动作要点：由动而静，沉气松体，神意内含。

图 3-53

图 3-54

图 3–55

图 3–56

第三节　武当太极拳九势健身的实施

一、安全从事武当太极拳九势健身的条件

1. 充分拉伸身体

选择武当太极拳九势作为锻炼手段的，一般是中老年人和体弱者。他们的肌肉、韧带、关节和骨骼的机能水平比较差。因此，这类人群在进行锻炼前一定要做好充分的拉伸活动，防止长期锻炼带来的慢性劳损。

2. 选择适宜的运动量

刚进行武当太极拳九势的练习时，动作姿态应略高，运动时间不宜过长，避免突然增加运动负荷带来的运动损伤。随着时间的推移，练习者可增加练习次数，逐步降低动作姿态的高度，增加一次锻炼的时长，使得体感适宜，循序渐进，增强体质。

3. 长期坚持

练习者应制订一个长期计划，合理安排每次的锻炼时间，锻炼时以身体感觉有点累但精神饱满为好。

4. 重视锻炼后的整理活动

练习武当太极拳九势时，下肢负荷较大，每次锻炼完后，练习者应充分做好放松下肢肌肉的整理活动，避免疲劳积累带来慢性膝关节损伤。

二、武当太极拳九势锻炼的注意事项

1. 要静心自然

练拳时思想要安静集中，“虽动犹静”地将精神贯注于每一个细小动作，专心练拳。呼吸平稳深匀，“意注丹田”，用意识引导呼吸，将气徐徐送到脐下。身体上下，由内而外保持舒松自然，意动心随。这样，有利于经络宽畅、气血流通、增长内劲，促进身体健康，也符合太极拳要求的“身动、心静、气敛、神舒”境地。

2. 要立身中正

头部自然上顶，面部要自然，下颏向里收回，口自然合闭。避免颈部肌肉硬直，身体应中正安舒，不要前俯后仰。尤其对“悬顶竖项、沉肩坠肘、松腰敛臀”等要领应特别注意腰脊中正，两肩、两胯放松、放平，保持上体的自然正直。立身中正能稳定下盘重心。下盘重心不稳，则易被人借力失势，受制于人。要做到立身中正，在内必须精神内固，神不外驰，稳定心性；在外必须顶头拔背，上下一线，松腰沉胯，如此才能“中正安舒、支撑八面”。

3. 要手足协调

练习时不论单个动作，还是套路动作，每一动作姿势都要上下相随，使内（意念、呼吸）、外（形体、动作）一体，身体各个部分之间密切配合，以腰为轴，带动四肢，周身完整一气。这就是“一动无有不动”“一静无有不静”。腰动、脚动、手动，眼光也随之而动。绝不可局部自动，或只动手或只动脚。运动时须根于脚，发于腿，主宰于腰而形于手指。由足到腿、到腰须完整一气，手足随之，上下协调，动作一气呵成。

4. 要运行和缓

太极拳以静御动，虽动犹静。练拳时，每一个动作都要轻灵沉着，不浮不僵，轻缓柔和，注意动作要慢、要柔，用力要小、要匀。克服动作紧张、生硬的毛病。势与势承接，要连贯协调，始终是螺旋式、抽丝式地运劲，内外协调，圆活无滞，一气呵成，如行云流水。发劲要完整，富有弹性，不可使用拙力，速度以慢柔为好，慢则呼吸深长，气沉丹田。练习时速度均匀，动作和缓，一手一势仔细推敲，才能领略太极拳通顺、柔缓、自然的精髓。

木兰拳

木兰扇

第四章　木兰拳、木兰扇

木兰拳、木兰扇以响应国家全民健身的体育战略为出发点，以服务广大人民的健身娱乐等需求为落脚点，满足人民群众对体育文化多元化发展的日益增长的要求。

木兰拳、木兰扇运动自创编之始，就以服务社会大众为目标，以人民群众的健身、休闲、表演、社交与竞技需求为指向，在技术内容上，简单易学、变幻多姿、趣味十足，颇有兴味和美感。在文化的继承和创新中，木兰拳、木兰扇是以传统木兰花架拳为基础，同时借鉴部分体操、舞蹈动作而形成的一项武术健身运动，所以其动作具有较强的艺术性和健身性。

因此，普及推广木兰拳、木兰扇的健身运动，能推动木兰拳文化的蓬勃发展，增进广大木兰拳爱好者的交流与友谊，传递全民健身人人参与、人人受益，天天健身、天天快乐的健身理念。

第一节　木兰拳、木兰扇的基本概述

一、木兰拳、木兰扇的定义

木兰拳、木兰扇是在传统木兰花架拳的基础上，借鉴部分体操、舞蹈动作而创编的武舞相融、轻柔美健、富有时代气息的新的武术健身运动项目。

二、木兰拳、木兰扇的产生与发展

木兰拳是新发展起来的一种民间体育健身项目。它缘于 20 世纪 70 年代初上海街心公园一自发的民间健身小组，创始人为杨文娣。她酷爱中华武术，对木兰拳的创编和研究倾注了大量的心血，并在花架拳部分套路动作的基础上把花木兰的舞台造型、太极拳的动作特点、体操的基本功融入其中，创编了民间木兰花架拳。杨文娣逝世后，其弟子秉承师教，为发扬先师遗志，四处传播，并在实践中对木兰花架拳进行了改编，使木兰拳既有太极拳的功架，又有舞蹈之柔美。

木兰拳借鉴了民族传统舞蹈和民间健身拳操的部分精华，继承了太极拳的传统风格特点，融合了民间艺术特色，使它具有了武舞结合、轻柔美健的特点。它既适应了广大群众强身健体的心理需要，又营造了一种轻松欢娱的良好境界，因而深受广大群众的喜爱，尤其备受青年女性和中老年女性的青睐。随着木兰拳运动在民间的迅速普及，国家体育总局为了使木兰拳向更快、更好、更科学的方向发展，武术运动管理中心将木兰拳这项民间的体育健身运动项目列为中华武术新的运动项目。

木兰扇是在木兰拳的基础上结合扇术特点而编成的一种独具特色的套路运动，具有动作舒展、姿态优美、拳舞扇飞、扇声鼓荡、轻盈敏捷、气势流畅、灵活多变、潇洒飘逸的特点。为进一步引导木兰拳、木兰扇运动向科学化、规范化的方向发展，武术运动管理中心委托上海武术院组织有关专家编写了《木兰拳二十八式》《木兰单扇三十八式》《木兰单剑四十八式》三个规定套路和《木兰拳竞赛规则》的初稿。经过多次修改和审定，1999年正式出版发行《木兰拳规定套路》和《木兰拳竞赛规则》，并摄制了教学录像带和影碟教材。目前，木兰拳健身者已多达上百万人，为全民健身计划的实施起到了有力的推动作用。与木兰拳运动的广泛普及相比，其理论和技术的研究稍显薄弱，木兰拳爱好者缺少一些能指导他们科学、规范、系统地进行学习、训练和提高技术的图书。

三、木兰拳、木兰扇的功能

木兰拳、木兰扇运动是以我国民族传统养生理论为指导，强调身心的全面锻炼和培养，集强身健美、塑造形体、陶冶情操、审美娱乐于一体的民族传统健身项目。木兰拳、木兰扇在动作的编排上符合人体正常运动的机能和健身养生的科学，其健身价值和健身作用已在健身群体的实践中得到了验证和认可。

（一）强身健体

木兰拳、木兰扇运动在内强调机体的意识活动，在外强调轻柔自然的内外相合、阴阳合一的合理运动，符合我国民族传统养生思想和健身之道，它对改善人的神经系统、心血管系统、呼吸系统、运动系统等的功能起到了很好的调节与保健作用。

（二）塑造形体

木兰拳、木兰扇运动对锻炼者的身体姿势和整体动作均提出了要求。在身形上要求立身中正、自然放松；在手型、手法上要求圆弧饱满；在步型、步法上要求轻灵稳重；在动作上要求轻柔健美；在姿态上要求优美典雅。在动作套路的编排上，木兰拳、木兰扇讲究身体点、线、面的对比均衡、和谐、协调，节奏和动作美的多样统一。长期从事木兰拳、木兰扇运动对塑造良好的形体、培养高雅的气质、养成优雅的仪表有很大的促进作用。

（三）陶冶情操

木兰拳、木兰扇动作轻盈柔美、舒展大方、潇洒飘逸、英姿飒爽。锻炼者在娓娓动听、饱含民族神韵的传统乐曲伴奏下，在一种恬静自如、轻松欢愉的氛围中体验旋转起伏、洒脱轻捷、连贯流畅、绵绵不断、柔中寓刚、和谐柔美的人体语言带来的轻松愉悦的心境；在含蓄柔美、婀娜多姿的武舞中，陶冶情操、释放情怀、塑造自我，陶醉在如诗如画的肢体动作中，使人的心境得到升华。

（四）审美娱乐

木兰拳、木兰扇运动有很强的表现力，可单独演练娱己，也可集体演练乐群。尤其是木兰扇，开合随意、扇声鼓荡，很适合群体演练，开扇时扇面发出的浑厚有力的扇声和合扇时扇骨发出的清脆悦耳的扇声时起时落，具有很强的振奋力和感染力。无论是练习者还是观赏者都会感到情趣横生、乐趣无穷，因此，它具有一种独特的审美娱乐功效。

四、木兰拳、木兰扇的特色

木兰拳较太极拳而言，多了柔美、洒脱、轻捷，木兰扇、木兰剑的风格特点已明显区别于武术中传统的器械风格特点，更多地包含着舞台上含蓄柔美的舞姿，较大众体操而言，多了柔美、恬静。因此，木兰拳、木兰扇运动的风格也是独特的。

（一）轻灵柔美

木兰拳、木兰扇容纳和贯通了太极拳的技术动作与运动方法，这决定了木兰拳、木兰扇技术动作的要求和风格特点与太极拳的风格特点有共同性。木兰拳、木兰扇的动作柔缓轻灵，舒展大方，架势平稳，重心较高，习练中要求练习者心静体松，以意引动，采用深、缓、匀、长的腹式呼吸方法。此外，练习时要以腰为轴，使动作呈现出外柔内刚、端庄典雅、轻缓柔和的特点。因此，木兰拳、木兰扇运动能极大地满足女性审美心理的需求，深受广大女性的喜爱。

（二）造型优美

木兰拳、木兰扇借鉴了体操的基本功和舞蹈动作，以及舞台的艺术造型。木兰拳在动作上具有体操、舞蹈柔美多姿的特点；在造型上优美、大方，极富有观赏价值。因此，练习木兰拳、木兰扇在强身健体的同时，又能塑造人的形体，陶冶人的情操，培养人的优雅气质。

（三）圆活自然

木兰拳、木兰扇在运动过程中要求以腰为主宰，以腰带动四肢、节节相随、绵绵不断、旋转起伏、开合收展、连贯顺畅；运动中动作的顺、逆都走弧形，往返相接、势势相连，形成圆弧运动。也由于这种圆弧运动，木兰拳运动更体现出了娇柔灵巧、舒缓自然的特点。这种圆活自然的运动，有利于促进人体的气血通畅，提高人体的健康水平。

（四）协调完整

木兰拳、木兰扇是练意、练身、练型、练气的武术健身项目。运动中，在意识上要意守拳路；在身型上要身正体松；在身法上要以腰为轴；在眼神上要手眼相随；在呼吸上要气沉丹田。不论是整套动作，还是单个动作，均要求上下相随、左右相合、进退合顺、内外合一、形神兼备、协调完整。

（五）舞乐和谐

木兰拳、木兰扇的音乐要清越典雅、节奏舒缓、富有韵味，要能突出其风格特点，且音乐与动作要和谐一致，给人以舒缓流畅之感。

第二节　木兰拳、木兰扇的技术与方法

木兰拳、木兰扇的基本功和基本动作是学好木兰拳、木兰扇的基本条件。基本功和基本动作一般包括肩、臂、腿、腰、手型、手法、步型、步法、腿法、平衡及器械方法等练习。通过基本功和基本动作的练习，可使练习者身体各部位得到全面的训练，并能较快地提高练习木兰拳、木兰扇所需的专门身体素质，为学好木兰拳、木兰扇和木兰剑的套路动作，提高木兰拳的系列动作水平打下良好的基础。

一、木兰拳

（一）木兰拳的基本动作

1. 手型、手法练习

（1）手型——拳

动作说明：四指卷曲，拇指扣压于食指、中指第二指节上（图 4–1）。

图 4–1

动作要点：拳面要平，握拳不可太紧，直腕。

（2）手型——掌

动作说明：五指自然伸直，虎口撑圆，拇指根处微内扣（图 4–2）。

图 4–2

动作要点：五指柔软，不要僵硬。

（3）手法——请拳

动作说明：左掌心与右拳面在胸前相抱，两前臂微内旋，高与胸齐，掌、拳与胸部距离 20 ~ 30 厘米（图 4–3）。

动作要点：抬头、挺胸、立腰，两前臂撑圆，眼平视前方。

（4）手法——托掌

动作说明：两掌心朝上，由下向上托起（图 4–4）。

动作要点：抬头、挺胸、立腰，两臂自然伸直，眼平视前方。

（5）手法——穿掌

动作说明：左手收于身后，右手掌心斜向上，虎口朝前，臂由屈到伸（图 4–5）。

动作要点：抬头、挺胸、立腰，臂自然伸直，眼随掌向前上方看。

图 4-3

图 4-4

图 4-5

（6）手法——按掌

动作说明：两掌心朝下，自上向下按掌（图 4-6）。

动作要点：挺胸、立腰，力达掌心。

（7）手法——推掌

动作说明：右手掌心朝前，臂由屈到伸（图 4-7）。

动作要点：挺胸、收腹、拧腰、顺肩、沉腕、翘掌，眼平视前方。

图 4-6

图 4-7

（8）手法——云手

动作说明：两脚交叉站立，左脚在前，右脚尖点地，以腕关节为轴，掌向内或外旋转（图 4-8、图 4-9）。

图 4–8

图 4–9

动作要点：抬头、挺胸、立腰，掌并随臂微旋转、画平圆。

（9）手法——双绞手

动作说明：两手掌心相对，以腕关节为轴旋转一圈（图 4–10、图 4–11）。

图 4–10

图 4–11

动作要点：挺胸、立腰，两手画两平圆。

2. 步型、步法练习

（1）步型——弓步

动作说明：两手收于身后，左（右）腿屈膝，脚尖外展 45 度，全脚掌着地；左（右）腿自然伸直，全脚掌或前脚掌着地，两腿成一直线（图 4–12、图 4–13）。

图 4–12

图 4–13

动作要点：挺胸、立腰，略沉髋。

（2）步型——虚步

动作说明：两手收于身后，右（左）腿支撑，膝微屈，脚尖外展 60 度；左（右）腿自然伸直，脚尖外展 45 度，前脚掌着地（图 4–14、图 4–15）。

图 4–14

图 4–15

动作要点：挺胸、立腰，虚实分明。

（3）步型——歇步

动作说明：两腿交叉，屈膝全蹲，两臂伸直，平举立掌。左脚尖着地，右脚跟离地，臀部坐于右小腿接近脚跟处（图 4–16）。

动作要点：挺胸、立腰，两腿靠拢并紧。

（4）步型——坐盘

动作说明：两腿交叉叠拢下坐，臀部和右侧大小腿外侧均着地；左大腿靠近胸部（图 4–17）。

动作要点：挺胸、立腰，两腿靠拢并紧。

图 4–16

图 4–17

（5）步型——坐莲

动作说明：右脚前脚掌着地，屈膝全蹲，臀部坐于小腿上；前左腿自然伸直，脚尖外展 45 度，脚掌外侧着地，左膝贴于右腿膝关节的内侧（图 4–18）。

动作要点：挺胸、立腰，两膝靠拢并紧，重心落在右脚上。

（6）步型——叉步

动作说明：两腿交叉，左脚尖外展 45 度，全脚着地，屈膝半蹲；右脚前脚掌着地，腿自然伸直（图 4–19）。

动作要点：挺胸、拧腰、合胯。

图 4–18

图 4–19

（7）步法——上步

动作说明：左脚经支撑腿向前迈出，脚尖略外展，脚尖或脚跟着地（图 4–20、图 4–21）。

图 4–20

图 4–21

动作要点：抬头、挺胸、立腰，眼平视前方。

（8）步法——退步

动作说明：左脚经支撑腿（右腿）向后退一步，前脚掌着地（图 4–22）。

动作要点：抬头、挺胸、立腰，眼平视前方。

（9）步法——盖步

动作说明：左腿支撑，右腿经支撑腿前方向左侧横跨一步，前脚掌着地（图 4–23）。

动作要点：挺胸、立腰，眼平视前方。

图 4–22

图 4–23

（10）步法——踩莲腿

动作说明：右（左）脚自然伸直站立，左（右）脚尖点地；左（右）

腿屈膝提起，脚尖自然下垂，小腿向上抬起，过腰后身体向左（右）转 90 度，同时勾脚尖向外摆腿，达水平高度（图 4–24 至图 4–26）。

图 4–24

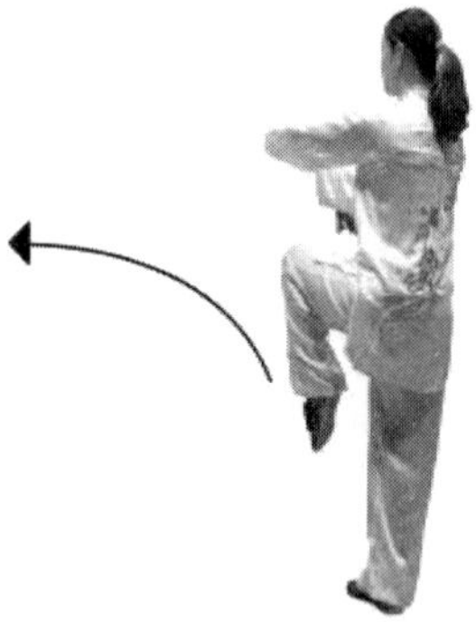

图 4–25

图 4–26

动作要点：抬头、挺胸、立腰，摆腿幅度要大、成扇形，眼平视前方。

（11）步法——勾踢

动作说明：左腿微屈支撑，右脚勾脚尖，屈膝向后摆起，随即脚跟擦地向前挺膝勾踢（图 4–27、图 4–28）。

图 4–27

图 4–28

动作要点：挺胸、立腰，力达脚尖，眼平视前方。

3. 平衡练习

（1）提膝平衡

动作说明：两手叉腰，拇指在后；右腿支撑直立，左腿体前屈膝提起，脚尖自然下垂微内扣，大腿略高于水平（图 4–29）。

动作要点：抬头、挺胸、立腰，平衡稳定，眼平视前方。

（2）后举腿平衡

动作说明：右腿支撑直立，左腿屈膝向后抬小腿，脚掌朝上，高与臀平（图 4–30）。

动作要点：抬头、挺胸、立腰，眼平视前方。

图 4–29

图 4–30

（二）木兰拳的套路练习

《木兰拳十二式》选取了《木兰拳二十八式》中的部分经典动作，为满足大众的健身需求创编而来。此套路一共包含 12 个动作，全套动作轻灵柔美，圆活自然，协调完整且简单易学，适合广大人群习练。

1. 动作名称

预备势

第一式　九天揽月	第七式　遨游东海
第二式　海底翻花	第八式　飞燕穿柳
第三式　指天画地	第九式　跨虎登山
第四式　燕子抄水	第十式　开天辟地
第五式　横扫千军	第十一式　白蛇吐信
第六式　木兰出水	第十二式　揽月归山

2. 动作图解

（1）预备势

动作说明：自然站立，两脚跟并拢成八字步，两臂垂于身体两侧，目视前方（图 4–31）。左、右手同时外旋托掌，与肩齐高（图 4–32）。两手内旋画弧，右手拳、左手掌于胸前相抱，离胸前 20 厘米，目视前方（图 4–33）。

图 4–31

图 4–32

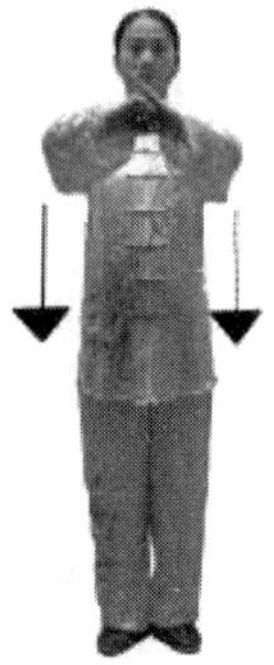

图 4–33

动作要点：头颈正直，下颚微内收，精神要集中。

（2）第一式　九天揽月

动作说明：左腿微屈，右脚向右侧方 45 度上步，脚跟着地；两臂同时向上摆起至身体左后方，两掌掌心朝下，左手直臂位于身体左后方 45 度，右手屈臂位于胸前（图 4–34）。右脚前脚掌落地，重心前移，左脚跟离地，身体右转；右腿独立支撑，左腿屈膝向后摆起成后举腿；同时右手向下、向前、向上画弧至头前上方架掌；左手先收回左腰侧，再向前推掌，掌跟高与胸平，目视左手（图 4–35）。

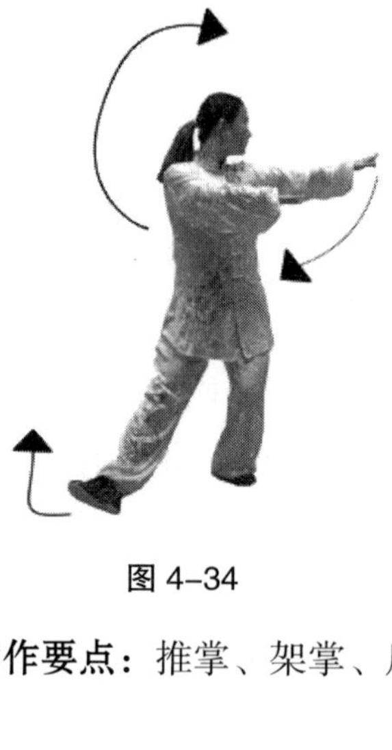

图 4–34

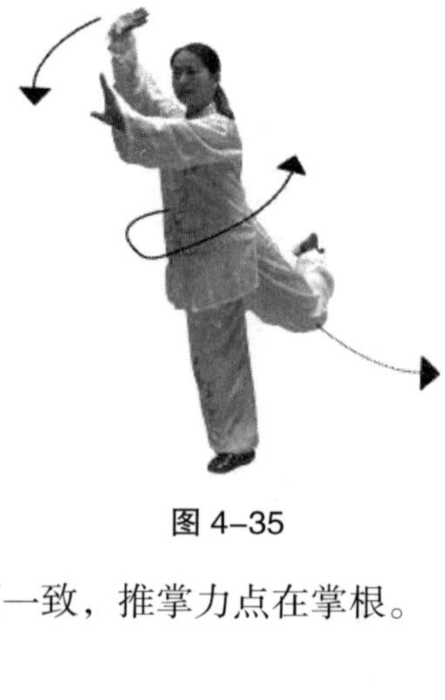

图 4–35

动作要点：推掌、架掌、后举腿需协调一致，推掌力点在掌根。

（3）第二式　海底翻花

动作说明：右腿微屈，左脚跟向左前方 90 度落步，两臂同时向下摆成按掌动作，至身体右后方；两掌掌心朝下，右手直臂位于身体右后方 45 度，左手屈臂位于胸前；身体微右转，目视右手方向（图 4–36）。

重心前移，左脚内转，全脚掌着地，右脚跟离地，同时右手屈肘按掌至胸前，左手经左胯前向上托掌，掌心向上与肩平，指尖向前，目视左手（图 4–37）。

图 4–36

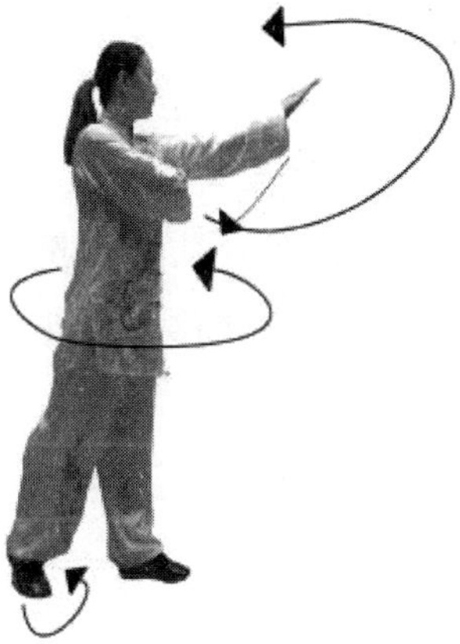

图 4–37

右脚向前落步，重心前移，左脚后跟离地，同时左手内旋屈肘按掌至胸前，右手经胯前偶向上托掌，掌心向上与肩平，指尖向前，目视右手（图 4–38）。身体左转，左脚跨于右脚前，右脚跟离地，右臂屈肘，掌心向下；左手外旋，掌心向上，两手于体前抱球，右手略高于肩（图 4–39）。

图 4–38

图 4–39

两腿屈膝下蹲成歇步，身体左转拧腰；同时右手向外云手旋腕后，外旋向左下砍掌；左手向内云手旋腕收至右胸前立掌，掌心斜向下，目视右手前方（图 4–40）。

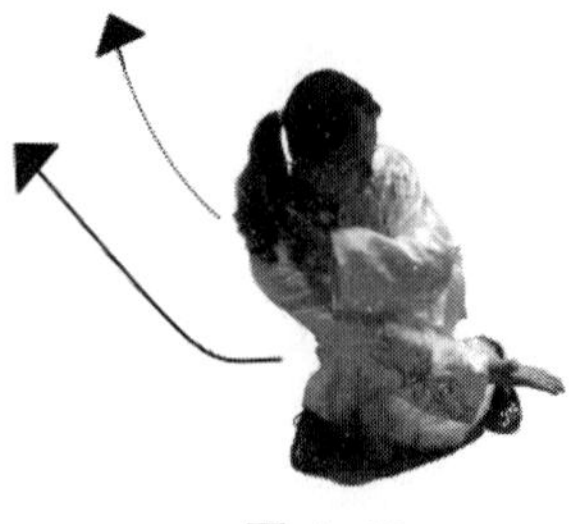

图 4–40

动作要点：进步托掌要随着重心的前移柔缓前托、顺肩。双绞手以腰为轴云手，手眼相随；歇步两腿交叉重叠；砍掌时上体略向右倾，歇步与砍掌同时完成。

（4）第三式　指天画地

动作说明：站起后重心落于左脚，右脚经左脚后侧向右前方进步，脚跟落地，重心前移成弓步；同时双手由下向右、向上、向左画弧，左手经左腰前向前穿掌，掌心向上与肩同高，右手画弧至头前上方架掌，目视左手前方（图 4–41 至图 4–43）。

图 4–41

图 4–42

图 4–43

左脚向左前方进步，脚跟落地，重心前移成弓步；同时双手由上向右、向下、向上画弧，右手经右腰前向前穿掌，掌心向上与肩同高，左手画弧至头前上方架掌，目视右手前方（图 4–44、图 4–45）。

图 4–44

图 4–45

动作要点：左右画弧需松肩，弓步时后腿膝关节需伸直，眼随手动。

（5）第四式　燕子抄水

动作说明：重心前移至左脚，右脚收至左脚旁，两腿自然伸直，身体转正；同时左手外旋向前伸直，掌心向上，右手外旋经右腰侧，向后画弧至与肩同高，掌心向上，目视右手方向（图 4–46、图 4–47）。

图 4–46

图 4–47

左脚向前上步，脚尖点地；右手向右后画弧，摆至右上方时屈肘下落至腹前，指尖向下，掌心向下，左手向下画弧经左胯前向后摆至左后方，掌心斜向后；右腿屈膝全蹲，左脚向前擦地伸出，脚跟着地，成坐莲步；同时右指尖顺左腿向前穿出，掌心向右，左臂向后摆起，掌心斜向上；身体前俯，胸部靠近左腿，目视右手（图 4–48、图 4–49）。

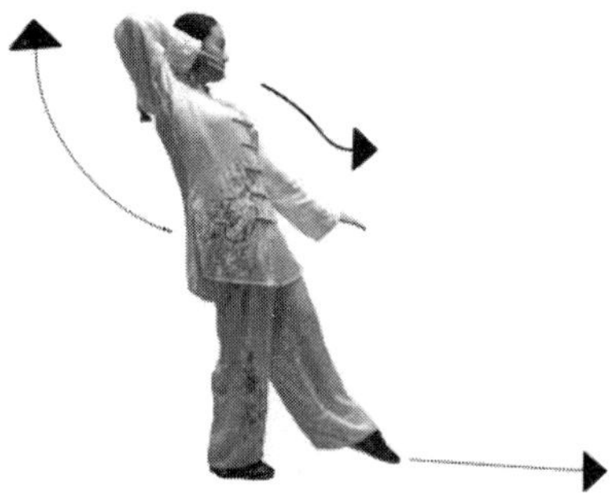

图 4–48

图 4–49

动作要点：左右上步抡臂需松肩、转腰、画立圆；右手前下穿掌与重心下降需协调配合；坐莲步两膝内侧相合，上体立腰向前下伸展；穿掌时需左拧腰、顺右肩。

（6）第五式　横扫千军

动作说明：起身时重心前移至左脚，左脚前脚掌外转 45 度落地，右脚向右斜方上步，脚掌外展 45 度落地；同时，左手内旋收至左腰后侧，掌心向外，右手内旋经腹前向内翻掌，掌心朝内，目视右手方向（图 4–50）。

身体右转 180 度，同时重心前移至右脚，左脚扣步收至右脚旁；右手收至右耳侧，掌心向前（图 4–51）。右腿后撤成左弓步，同时，右手立掌前推，左手屈肘画弧按至右肘下方，目视前方（图 4–52）。

图 4–50

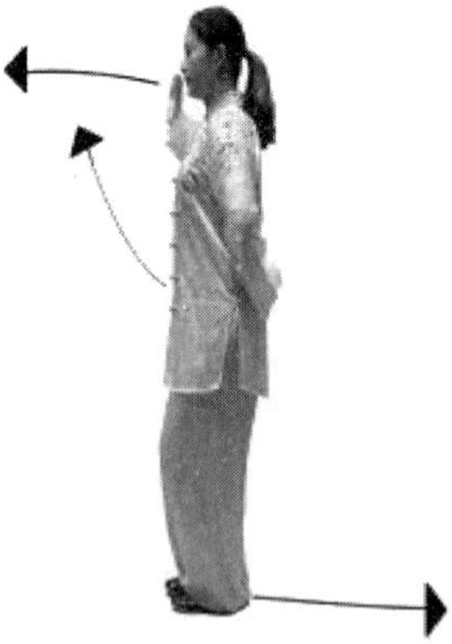

图 4–51

图 4–52

动作要点：转体时重心沉稳；在上步、扣步、撤步的步法转换中要注意脚的落地方向和身法、步法、手法、眼法的整体配合要连贯协调。

（7）第六式　木兰出水

动作说明：右脚盖步，脚尖外侧着地，同时右手向内屈肘（图 4–53）。身体左转拧腰，同时，左、右手分别向外云手旋腕后，成十字掌落于胸前；以两脚掌为轴，身体向左后转 270 度；右手臂随转体向右、向下画弧至胸前；左臂向下、向左画弧，经体前左下方向左后方画弧至胸前，左手在上，右手在下，成十字掌立于胸前，目视两手前方（图 4–54）。

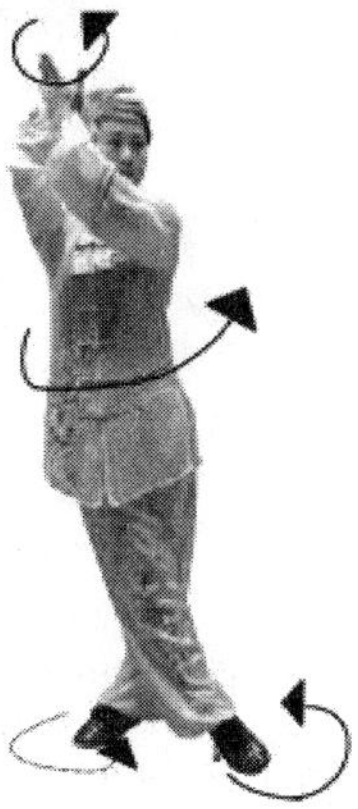

图 4–53

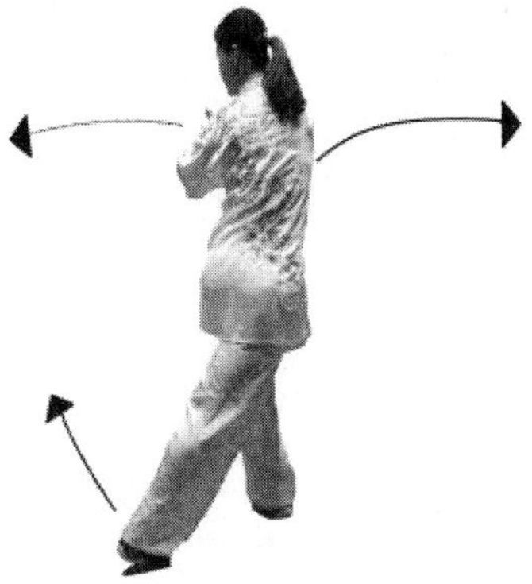

图 4–54

左腿独立支撑，右腿向后抬起成后举腿，身体左转拧腰；同时双手向外画弧，左掌至体前左斜方与腰同高，掌心斜向下；右手架至前右上方，与肩同高，掌心斜向外，目视左前方（图 4–55）。

动作要点：原地旋转时以腰带臂，需柔缓圆活；左拧腰举腿、架掌、摆掌需协调一致。

图 4–55

（8）第七式　遨游东海

动作说明：左腿支撑，右脚跟落地，前脚掌内扣，重心移向右腿；左脚跟离地，身体微左转，右手向头右上方架掌，左手向下画弧至腹前，两掌心向上（图 4–56、图 4–57）。右腿独立支撑，左腿勾脚尖向上踢起，高于肩，目视前方（图 4–58）。

图 4–56

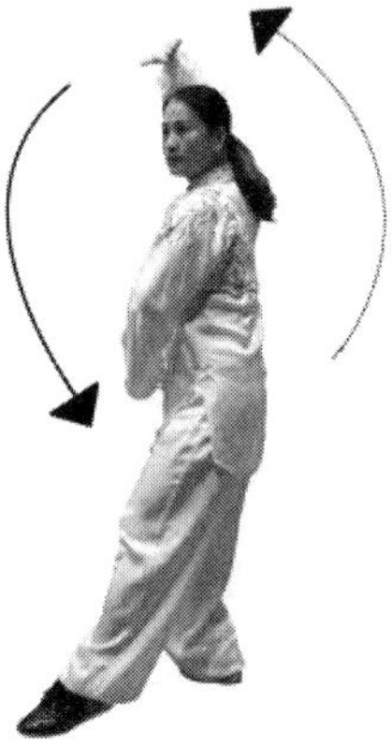
图 4–57

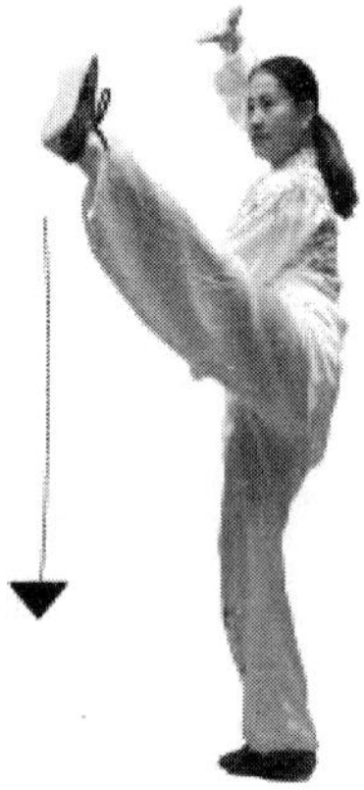
图 4–58

左脚掌向前落步，脚尖点地，脚跟内转落地，重心移向左腿，同时身体左转 90 度；右手下落至腹前，掌心向上，左手向下、向左、向上画弧至头左上方架掌，目视前方（图 4–59、图 4–60）。左腿独立支撑，右脚勾脚尖向上踢起，脚高于肩，落地时绷脚背，脚尖点地（图 4–61、图 4–62）。

图 4–59

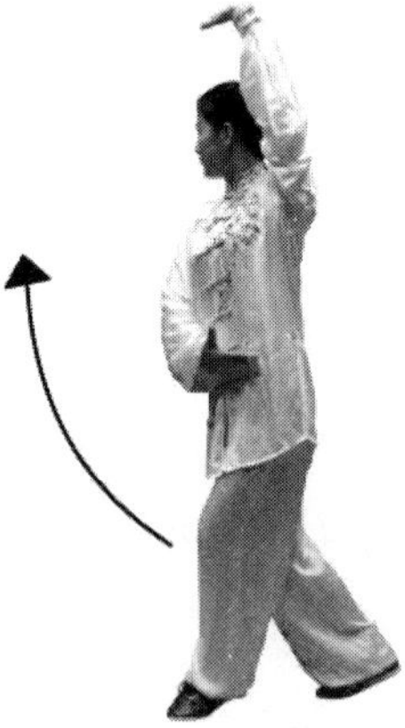
图 4–60

图 4–61

图 4–62

动作要点：左右踢腿要略挺胸、立腰、收腹、沉髋；踢腿时脚尖要勾起绷落，腿过腰略加速。

（9）第八式　飞燕穿柳

动作说明：身体微右转，同时右脚向前落步，脚跟内转落地，重心移向右腿，左脚向前上步，前脚掌落地；左臂下落至与肩平，虎口朝上，右臂伸直向后下落至与肩平，虎口朝上，目视左手前方（图 4–63）。

身体左转，左脚跟内转落地，重心移向左腿，右腿屈膝上提；同时，左手臂内旋，随转体摆至头顶左上方架掌，右手屈肘向下画弧，经右腰侧向右上方穿出，略高于肩，目视右手（图 4–64、图 4–65）。

图 4–63

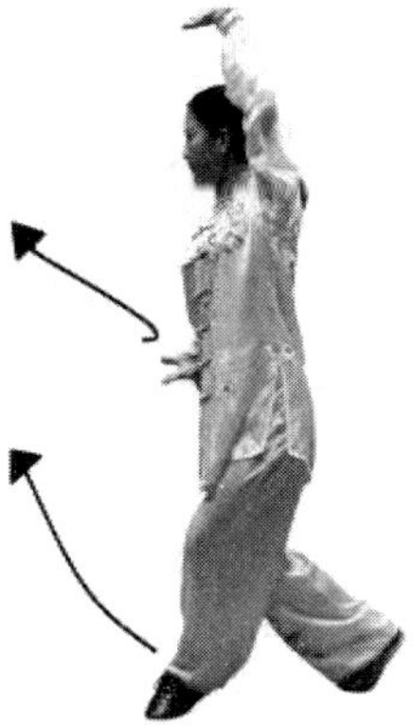

图 4–64

图 4–65

动作要点：转体、扣脚、摆掌需协调完整；架掌、穿掌、提膝需同时完成，提膝高于腰。

（10）第九式　跨虎登山

动作说明：右脚向右前 45 度落步，脚尖外展，重心前移，身体右转 90 度。同时两手臂外旋下落经体侧相合于胸前，交叉立掌，右手在里，左手在外，目视前方（图 4–66）。右脚独立支撑，左腿体前屈膝提起，脚尖自然下垂，绷脚背（图 4–67）。

图 4–66

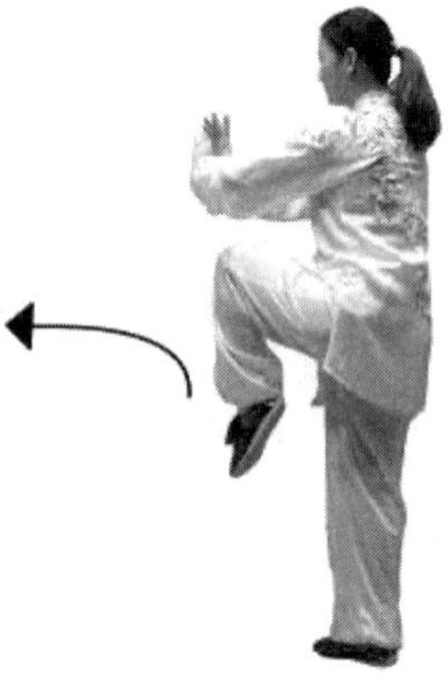

图 4–67

身体左转 90 度，左脚勾脚尖向左前蹬腿；两手动作不变，左脚向左前方落步，重心前移，目视前方（图 4–68、图 4–69）。左腿支撑，右腿屈膝提起，脚尖自然下垂，绷脚背（图 4–70）。身体右转 45 度，右脚勾脚尖向右前蹬腿；两手动作不变，右脚向前落步，重心前移，目视前方（图 4–71、图 4–72）。

图 4–68

图 4–69

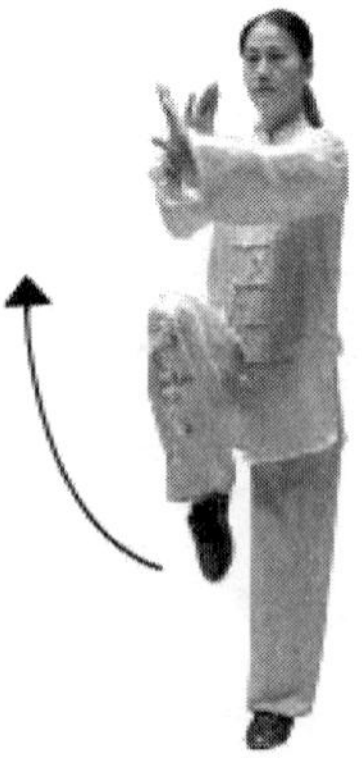

图 4–70

图 4–71

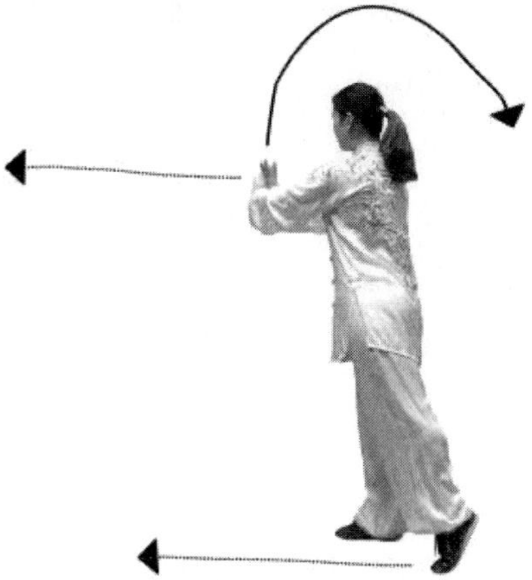

图 4–72

动作要点：做十字手时两肩松沉，两臂撑圆；做左右踩莲腿时腿随转腰、转体外蹬，高于水平。

（11）第十式　开天辟地

动作说明：左脚向左前方 45 度上步，前脚掌落地，同时左手向左画弧；右手向右画弧，两臂落与肩平，目视左手方向（图 4–73）。左脚跟内转落地，重心移向左腿，右脚跟离地；同时，右手屈肘向下画弧，经右腰侧虎口向右侧上方穿出，略高于肩，左手屈肘画弧按至右肘下（图 4–74）。

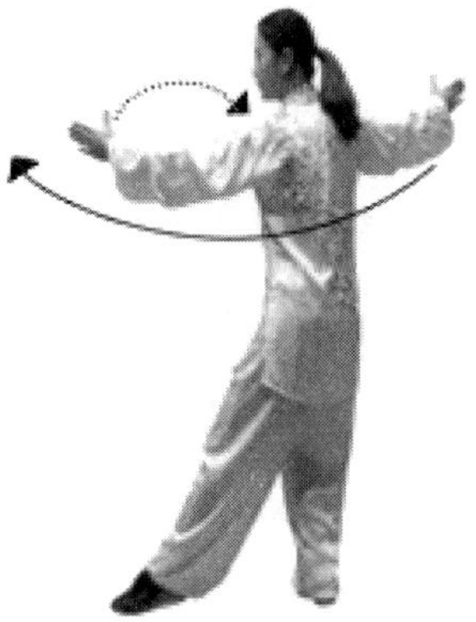

图 4–73

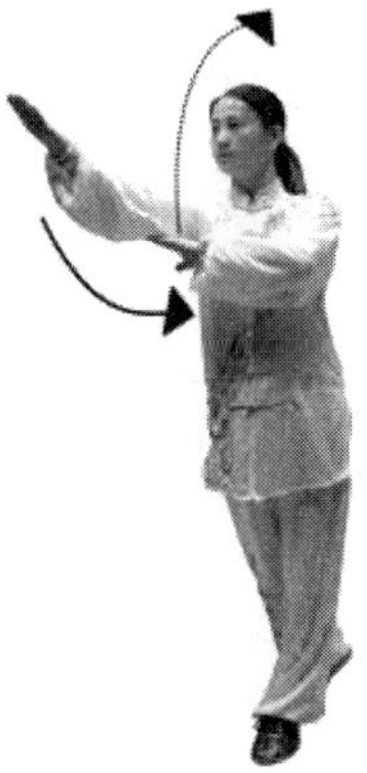

图 4–74

左手虎口经右臂内侧向左前上方穿出；在头顶翻掌向上，目视前方；右手向下落至右胯旁，两掌心向上（图 4–75）。左腿独立支撑，右腿屈膝离地，脚尖自然下垂，随后右脚跟擦地，向左斜前方 45 度勾踢，目视前方（图 4–76）。

图 4–75

图 4–76

动作要点：重心先向左斜方移动；勾踢需轻柔；勾踢、穿掌、落掌需配合协调。

（12）第十一式　白蛇吐信

动作说明：右脚尖外展 45 度落地，重心前移，身体右转。右手不变，左手内旋向下按掌至左腹前，目视左手方向（图 4–77）。右腿独立支撑，左腿屈膝向后举腿，脚掌斜向上；同时，左手下按至左胯旁，右手经右腰向斜前方穿出，掌心斜向上，目视右手方向（图 4–78）。

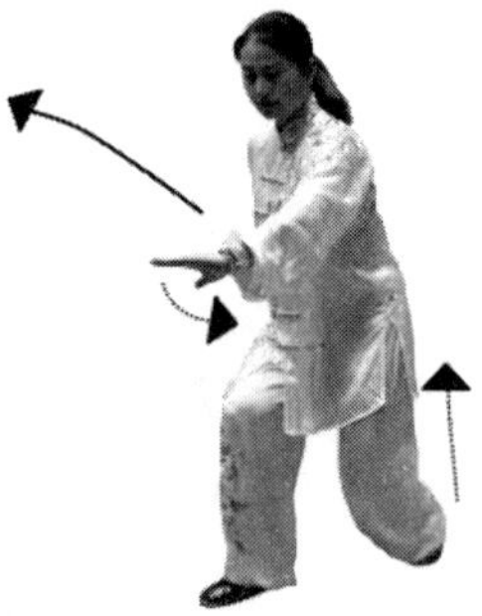
图 4–77

图 4–78

动作要点：两肩松沉、以腰带臂，动作舒展大方；后举腿、穿掌、按掌需协调一致。

（13）第十二式　揽月归山

动作说明：左脚扣步，同时双手内旋摆掌，虎口相对，掌心内旋，斜向外；左手臂微屈，左手与肩同高，右臂微屈，右手略比肩高，目视左手方向（图 4–79）。上肢动作不变，下肢走弧形步：右腿（摆）—左腿（扣）—右腿（摆），左脚收至右脚旁，两脚跟并拢成八字步；同时，双手外旋，向上托掌，与肩齐高（图 4–80）。

图 4–79

图 4–80

两腿伸直，两手内旋画弧，右手拳、左手掌于胸前相抱（图 4–81）。两臂下落至体侧，掌心朝内，臂自然伸直，目视前方（图 4–82）。

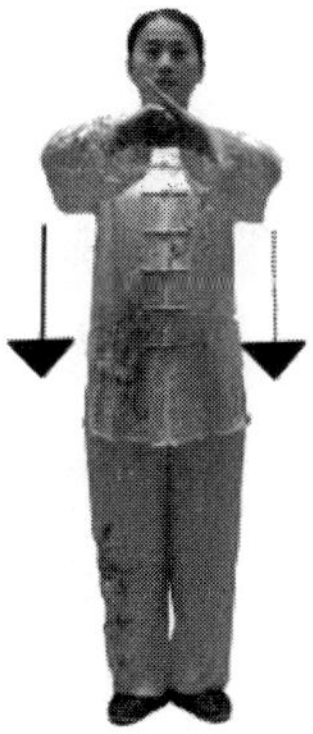

图 4–81

图 4–82

动作要点：重心的移动要自然协调，全身要放松，两手随着两臂下落而伸直。

二、木兰扇

（一）木兰扇的基本动作

木兰扇套路结合武术基本动作和舞台造型动作编创而成。其动作方法得当，造型优美，扇法多变（如开、合、云、托、撩、推、翻、穿）。木兰扇项目由于身体动作与扇法相结合，动作更加轻松舒展、飘逸潇洒。演练中，要求手与扇、步法与扇法、身法与扇法密切配合、协调统一，练习者要做到灵活自如。

1. 木兰扇的部位名称

木兰扇包括荷叶、扇顶、扇面、大扇骨、小扇骨和扇端（图 4–83）。

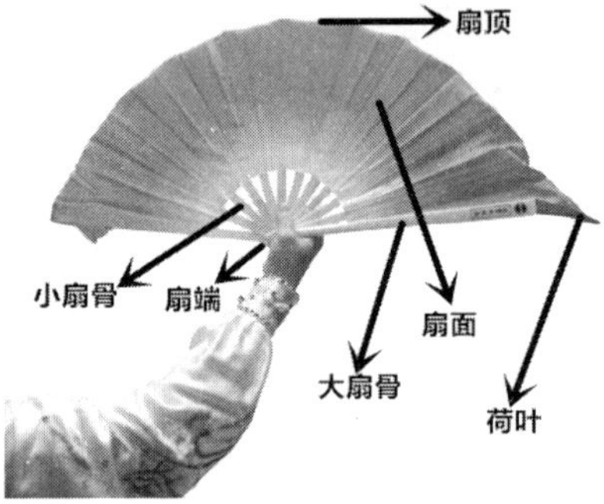

图 4–83

2. 木兰扇基本技法——握法、扇法

（1）握法——合扇握法

动作要点：拇指、中指、无名指、小指握扇，食指贴于扇面（图 4–84、图 4–85）。

图 4–84

图 4–85

（2）握法——开扇握法之一

动作要点：拇指扣压在扇端和大扇骨上，其余四指压于另一面的小扇骨上（图 4–86、图 4–87）。

图 4–86

图 4–87

（3）握法——开扇握法之二

动作要点：拇指扣压在扇端上，其余四指扣压在另一面的扇端上（图 4–88）。

（4）扇法——开扇法

动作要点：甩腕至扇面开平，扇面要求平整，不能折叠（图 4–89）。

图 4–88

图 4–89

（5）扇法——合扇法

动作要点：甩腕至扇骨合拢，握于虎口中（图 4–90）。

（6）扇法——云扇

动作要点：扇以腕关节为轴，向内或向外转动（图 4–91）。

图 4–90

图 4–91

（7）扇法——托扇

动作要点：扇面朝上，由下向上托起，呈水平（图 4–92）。

（8）扇法——撩扇

动作要点：合扇，右脚上步，同时右臂由下向上撩起，掌心向上。大扇骨由后向前上方抬起，臂外旋（图 4–93、图 4–94）。

图 4–92

图 4–93

图 4–94

（二）木兰扇的套路练习

《木兰扇十二式》借鉴了《木兰单扇三十八式》中的部分经典动作及动作名称，以满足大众的健身需求创编而成。此套路共包含 12 个动作，全套动作轻灵柔美，圆活自然，协调完整且简单易学，适合广大群众习练。

1. 动作名称

预备势

第一式　斗转星移

第二式　燕子抄水

第三式　凤凰展翅

第四式　妙扇生花

第五式　跨虎登山

第六式　粉蝶翻飞

第七式　伏虎听风

第八式　金鸡独立

第九式　海底翻花

第十式　魁星踢斗

第十一式　翻江倒海

第十二式　移步归山

2. 动作图解

（1）预备势

动作说明：身体向右转45度，两脚成丁步站立，身体自然直立，两臂自然垂于身体两侧，左手握扇，扇顶向上；下颌微收，目视前方（图4–95）。右脚向右移半步，左、右两手同时向外呈水平展开，与肩齐高，眼看右手（图4–96）。两手内旋画弧，左手握扇、右手成掌于胸前环抱，向左转头，目视前方；同时，左脚收至右脚旁，脚尖外展45度（图4–97）。

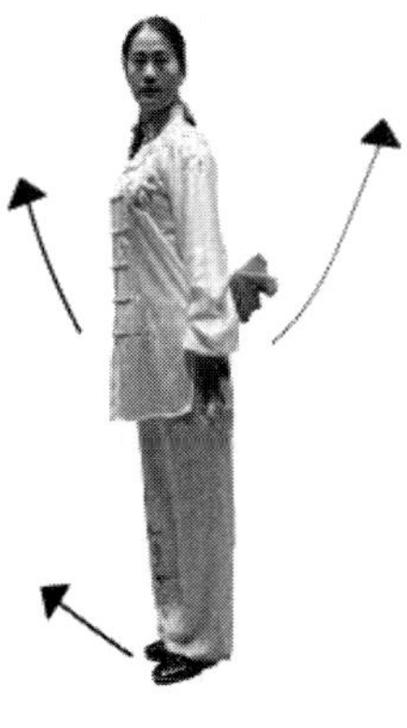
图4–95

图4–96

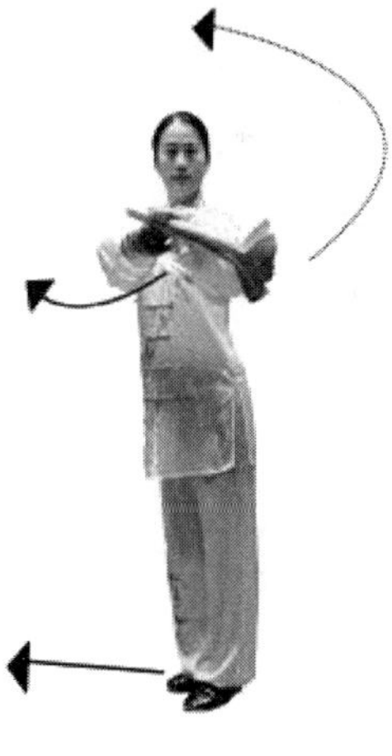
图4–97

动作要点：头颈自然直立，下颌微内收，精神要集中。

（2）第一式　斗转星移

动作说明：右腿向前上步，脚后跟着地；右手接扇，右手经身体右侧向下、向前呈水平展开，扇顶向前，左手经身体左侧向上，在头顶翻掌向上

（图 4–98）。重心移至右腿，膝盖微屈；左腿向前扣步，重心前移，身体向右转 180 度，成右虚步；同时，右手向下画弧，内旋挥扇至身前，扇顶向上，左手架于头顶不动，掌心向上，目视前方（图 4–99）。

图 4–98

图 4–99

动作要点：右脚上步与右手开扇要协调一致，抖腕开扇要干净利落；虚步要虚实分明。

（3）第二式　燕子抄水

动作说明：重心移至右脚，左腿靠近右腿；同时右手画弧至头顶上方，扇顶朝前，左手向下按掌于左胯，目视斜下方（图 4–100）。左腿向前上步，前脚掌着地成左前点步，上体后仰；右手向右下落，与肩高，扇顶指向斜下方，目视前方（图 4–101）。右腿屈膝全蹲，左脚跟擦地向前伸出，成坐莲步；同时，扇顶下穿，经腹前顺右腿上方向前穿出，掌心向下；左手臂

图 4–100

图 4–101

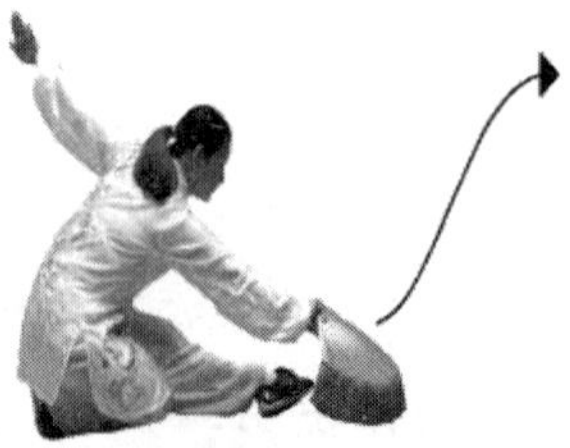

图 4–102

向左后方摆起，掌心斜向后，左右手臂成一斜线；身体前俯，胸部靠近左腿，目视扇顶前方（图 4–102）。

动作要点：扇向前穿出时要立腰，两手成一斜线，动作要舒展，意在扇顶。

（4）第三式　凤凰展翅

动作说明：右脚蹬地，重心移至左脚，身体向前微倾斜，两手成一斜线，目视前方（图 4–103）。右脚上步，脚掌着地，脚尖向外展 45 度；同时，身体微右转 45 度，右手臂外旋，扇顶向上，左手往上经头顶至右胸前立掌，掌心向前，目视前方（图 4–104）。右腿支撑，左腿屈膝向后抬起，脚掌斜向上，与臀同高；同时，右手向后画弧，直臂于头上方，扇顶向前，头转向左，目视前方（图 4–105）。

图 4–103

图 4–104

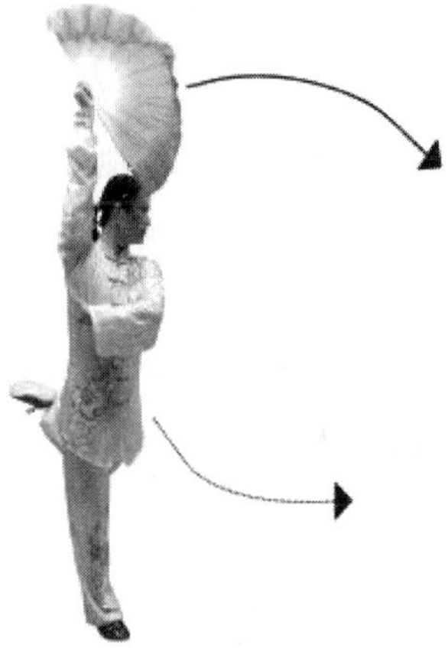

图 4–105

动作要点：以身带扇，两手臂配合要协调一致；右手扇要立圆举于头上方，上体正直；屈膝后抬时，脚掌不能低于臀部。

（5）第四式　妙扇生花

动作说明：左腿向前上步，脚掌外展，脚尖点地，重心在右腿；右手合扇，同时，向前直劈至胸前，掌心向下；左手不动，目视右手（图 4–106）。重心前移，左脚支撑；右腿屈膝向后抬起，脚掌斜向上，高于臀部；同时，右手握扇屈肘回收至胸前，扇顶朝前指出；左手由右胸前向上，架于额头左上，目视扇顶（图 4–107）。

图 4–106

图 4–107

动作要点：扇顶朝前指出时与架掌要协调一致；右腿屈膝后抬，脚掌斜向上且高于臀部。

（6）第五式　跨虎登山

动作说明：右腿向右前方 45 度上步，成右弓步；同时，右臂屈肘，手臂内旋，向右前侧架起与肩平，扇顶向左；左手向右下方按掌，立掌于右手腕，向左转头，目视左方（图 4–108）。右腿独立支撑，左腿屈膝提起，脚尖自然下垂；上肢动作不变，左小腿上抬与腰高，脚背朝前（图 4–109）。左腿挺膝，脚尖勾起向前摆腿，目视左腿方向（图 4–110）。

图 4–108

图 4–109

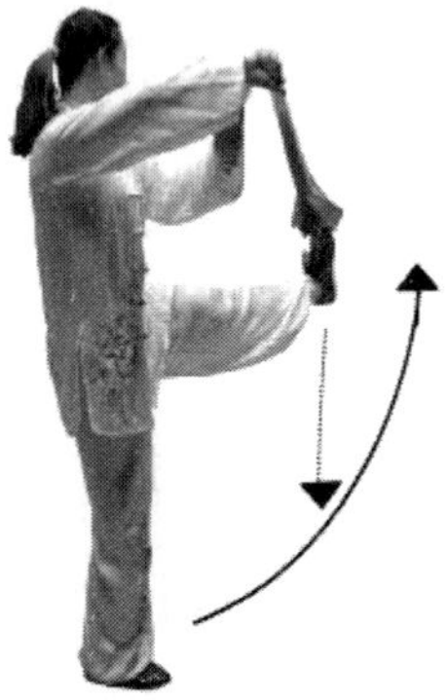

图 4–110

左腿向左前方落步，重心前移，左腿支撑；右腿屈膝提起，脚尖自然下垂，上肢动作不变（图 4–111）。右小腿向左前方抬起，身体右转 45 度，右脚勾脚尖向前摆腿（图 4–112）。右脚向右前方落步，成右弓步；同时，右手向外画弧开扇，扇顶向下，左手动作不变，目视扇端（图 4–113）。

图 4–111

图 4–112

图 4–113

动作要点：两臂撑圆，两肩松沉；左右踩莲腿的脚尖应勾起，随转腰、转体外摆，高于胸，摆幅达 90 度。

（7）第六式　粉蝶翻飞

动作说明：左腿向左前方上步，前脚掌向左 45 度着地；同时，身体向左转倾斜 45 度，然后右手内旋翻腕，扇顶斜向右上方，目视扇端，左手立掌于胸前（图 4–114）。重心移至左腿，右腿向前上步，前脚掌向右 45 度着地；身体右转 45 度，右臂外旋向右后方挥扇，手臂与肩平，扇顶向下；同时，目视扇端，左手不动（图 4–115）。

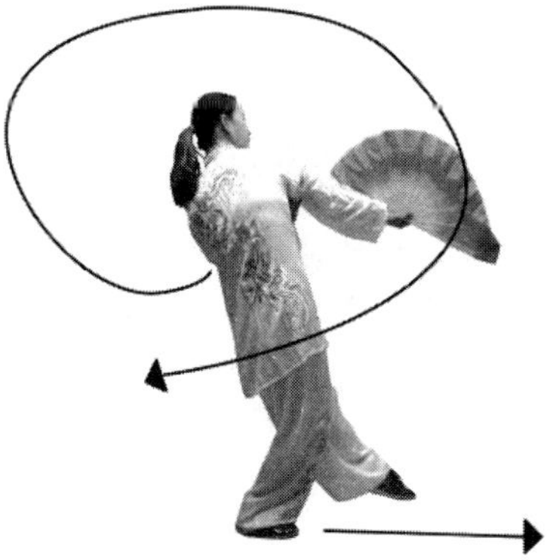
图 4–114

图 4–115

重心右移，上左步，左脚跟向左 45 度着地；同时，右手由后往前画立圆，在体前收扇，扇顶向前，目视前方，左手不动（图 4–116）。左腿支撑，身体左转 90 度，右脚向左前方上步，前脚掌外侧点地；同时，右手内旋翻腕屈肘，扇顶由上向下点出，扇顶向下；左手向左摆至头顶，向右转头，目视扇顶（图 4–117）。

图 4–116

图 4–117

动作要点：在步法转换中要注意脚的落地方向，身法、步法、手法、眼法的整体配合与连贯协调。

（8）第七式　伏虎听风

动作说明：重心移至右腿，左腿向前上步，脚尖着地；同时，左手由上往下移至胸前，掌心向前，目视前方，右手不动（图 4–118）。左腿支撑，左手随身体左转而左摆；同时，右手由后往前平扫，在身体前方开扇；随后右腿屈膝向后抬起，脚掌斜向上，与臀同高，向左转头，目视左前方（图 4–119）。

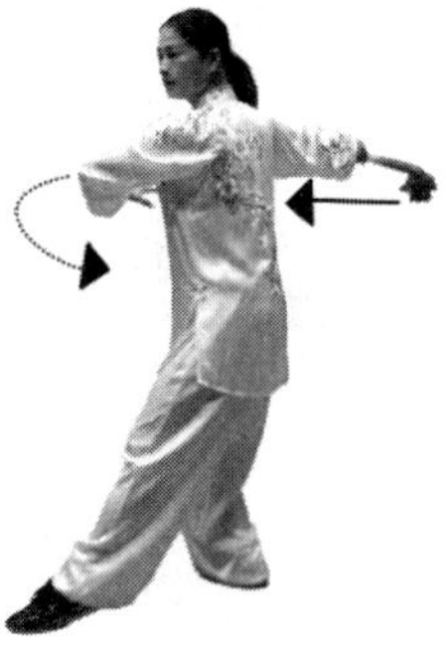

图 4–118

图 4–119

动作要点：开扇与右腿屈膝向后抬起要协调一致；右腿屈膝后抬，脚掌斜向上，高于臀部。

（9）第八式　金鸡独立

动作说明：身体微右转，右腿向前上步，右脚掌着地；同时，右臂外旋，扇顶朝上；随后，左手由外向内平摆，落于右大臂内侧，目视扇顶（图 4–120）。身体右转 90 度，右脚外转 90 度，全脚掌落地，重心移向右腿，左脚跟离地；同时，左、右两臂下落经胯旁画弧至与肩平，左手掌心向外，右手腕外旋，扇顶朝上，眼看右手（图 4–121）。右腿支撑，左腿屈膝上提，脚尖自然下垂；同时，右手由斜后方向上摆至右上方，手腕内扣立扇，扇顶向前；左手回收，立掌于右胸前，向左转头，目视左方（图 4–122）。

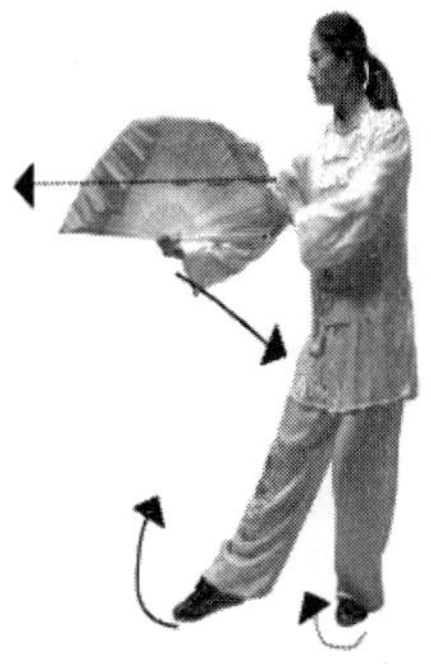

图 4–120

图 4–121

图 4–122

动作要点：转体、摆脚、分掌需协调完整；摆扇、提膝需同时完成，提膝高于腰。

（10）第九式　海底翻花

动作说明：身体微左转，左脚向前，脚尖着地；右手合扇，左手不动，目视前方（图 4–123）。左脚尖外展 45 度，重心移至左脚，右腿自然伸直；同时，身体重心向前，左手前摆，右手向后自然下落至右胯旁（图 4–124）。身体右转 90 度，上右步；同时，右手从右胯旁向前撩起，高于头，扇顶朝右上方；左手摆于左胯旁，左脚跟离地，眼随右手，目视扇顶（图 4–125）。

图 4–123

图 4–124

图 4–125

身体向左转正，左脚全脚掌着地，右脚尖点地；同时，右手向左，移至身体前方，手腕内扣，扇顶向斜下方，左手不动（图 4–126）。两腿交叉靠拢全蹲，右脚全脚掌着地，脚尖外展，左脚前脚掌着地，膝部靠于右小腿外侧，臀部接于左脚跟处成歇步。同时，右手向右斜下方穿出，扇顶向斜下方；左手向左上方摆动，与右手成一斜线，向右转头，目视扇顶（图 4–127）。右手腕内扣，向内开扇，左手架掌于左肩上方（图 4–128）。

图 4–126

图 4–127

图 4–128

动作要点：上步撩扇时扇要贴身画立圆；反穿时手腕要内扣，扇顶朝前；歇步开扇时要干脆利落。

（11）第十式　魁星踢斗

动作说明：起身，身体向左转 90 度，左脚上步外展，重心落于右脚上，身体半蹲，右手腕内旋，扇面平，左手不动（图 4–129）。身体向左转 90 度，右脚跟离地；同时，右手扇平云至额头前上方，扇面正面朝下，扇顶朝前，左手移至右手腕（图 4–130）。身体向左拧转 180 度，脚掌随身体拧转 180 度，成交叉步，重心移至左腿，右脚跟离地；同时，右手往左下云扇至左胯旁，手臂外旋，扇顶朝上；左手不变，向右转头，目视右前方（图 4–131）。左腿支撑，右腿屈膝提起，脚尖自然下垂，右腿向上抬起，脚背向前，高于腰；右腿挺膝，脚尖勾起，脚跟向右前方蹬出，目视右前方（图 4–132）。

图 4–129

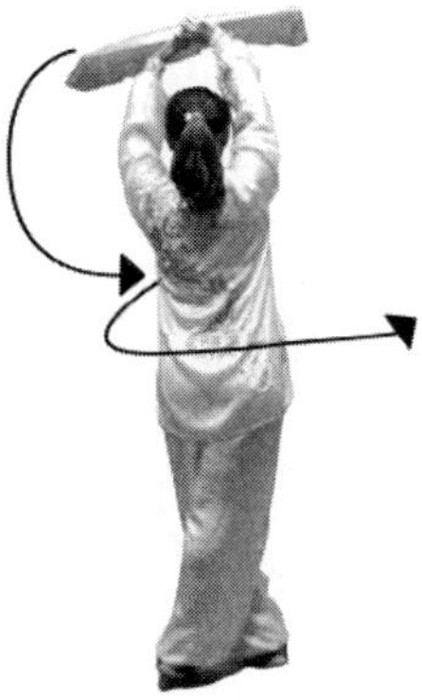

图 4–130

图 4–131

图 4–132

动作要点：转体、拧转脚、云扇需协调一致，蹬脚时力达脚跟。

（12）第十一式　翻江倒海

动作说明：右脚向前落地，左腿自然伸直，脚跟离地；同时，身体前移，右手以臂带扇，向右前方撩出，高于额头，扇顶朝前，左手不动，目视扇顶（图 4–133）。上左步，左脚掌着地，重心在右脚；同时，右手持扇顺势向左下方带下，置于左胯旁，眼随扇走，左手不动（图 4–134）。身体向右转 180 度，同时，左脚上步，向右摆 180 度，脚掌着地成虚步，右腿微屈，重心移至右腿；右手直臂内旋向右上方云扇，掌心向外，扇顶向上，左手向外画弧移至左胯旁，目视前方（图 4–135）。

图 4–133

图 4–134

图 4–135

动作要点：云扇与上步要协调一致，动作轻灵柔和，身体旋转及旋臂、云扇时要保持平衡。

（13）第十二式　移步归山

动作说明：重心移至左脚，左脚外展 45 度，右脚扣步；同时，右手外旋在身体右侧平扫扇，扇顶朝前；左臂内旋，向外撑掌，与肩同高，掌心向外；向右转头，目视扇顶（图 4–136）。上肢动作不变，下肢走弧形步：左腿（摆）—右腿（扣）—左腿（摆），成左弓步收扇；同时，左手接扇，握于小扇骨，扇顶向前，右手成掌放在左手背上，两臂撑圆，与肩同高，目视前方（图 4–137）。

图 4–136

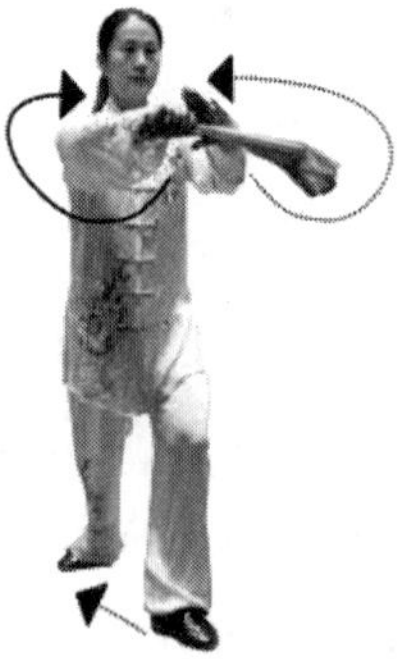

图 4–137

重心移至左腿，右腿随即跟上，两腿伸直，身体向左转 45 度，两脚成丁步站立，手部动作不变，目视前方（图 4–138）。两臂自然下落于身体两侧，左手握扇，扇顶向上，下颌微收，目视前方（图 4–139）。

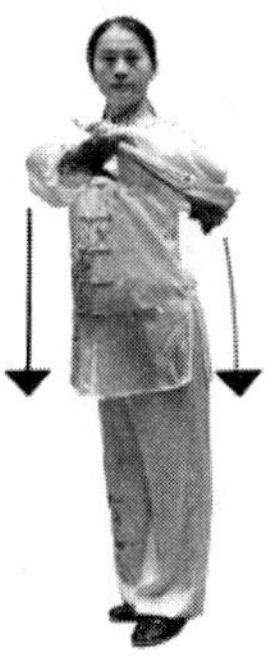

图 4–138

图 4–139

动作要点：摆、扣腿时，步法移动要自然、轻灵；扇面始终保持水平，收扇与弓步协调一致。

第三节　木兰拳、木兰扇健身的实施

一、安全从事木兰拳、木兰扇健身的条件

（一）参与者

少年儿童、中年人、老年人。

（二）服装

进行木兰拳、木兰扇健身练习时可穿运动服和运动鞋，比赛时应穿有民族特色的服装。注意，平时练习和上场比赛时，不允许佩戴耳环、项链、手镯等装饰品。

（三）场地

平时的练习场地可任意选择平坦空地即可。木兰拳、木兰扇在武术套

路比赛的标准场地进行，个人项目：长 14 米、宽 8 米；集体项目：长 16 米、宽 14 米。

（四）器具

木兰扇。

（五）练习原则

练习木兰拳、木兰扇，应按照循序渐进的原则，参照所学内容的难易程度和自身的实际水平，由易到难、逐步深化。初学者在对木兰拳的基本手型、手法、步型、步法，逐步了解掌握的基础上，慢慢过渡到完整的单个动作和组合动作，进一步对动作质量提出更高的要求，可增加动作的难度，最后到掌握整个套路。比如，在动作规格上，要准确规范；在动作演练意识上，要内外合一、形神兼备，女性练习者应注重美感、韵律感、节奏感，加强身体素质的练习。木兰拳内容丰富，练习时应先从徒手拳入手，熟练地掌握了拳的练习规律后再学习扇或剑。

（六）勤加练习

“拳练千遍，其理自现”，初学者要严格按照正确的动作要求进行练习，并根据练习内容、自身体质和状态合理安排运动量。新内容或难度大的内容练习强度要小，复习内容和简单易学的动作负荷要大些。在一次完整的练习中，运动负荷也要从小到大，再逐渐减小，提高练习的质量。此外，练习者每天可以有意识地把所学动作在脑中完整地重现出来，加深对动作的记忆，以帮助自身更好地完善动作细节，建立和巩固正确动作的动力定型。

（七）学会自学

可以通过教学录像和视频观看准确的动作，复杂动作可以重复观看。此外，要学会看图，先看分解动作图和身体各部位（包括器械）的运动路线，然后详细阅读文字说明，初步了解动作的过程和要领。接下来按照说明边看边做。木兰拳、木兰扇的动作很多，身体的变化较大，但始终以躯干姿势来确定方向，初学者最好把面朝的方向定为南面。遇到复杂动作时，可以先学下肢动作，再学上肢动作，然后将上下肢协调配合起来，并按照要点反复体会和练习动作。学会几个或一个小组的动作后，要将其连接起来进行复习，然后再与前面所学的动作一起复习。练习者也可以几个人一起，相互讨论、示范和检查，这样效果更好。

二、木兰拳、木兰扇锻炼的注意事项

①在练习木兰拳、木兰扇的过程中，练习者的思想会随着优雅的音乐自然入静，因此能达到防病、延年益寿的目的。对腰腿痛、关节痛、心脏病及失眠等病症有积极的治疗效力和预防作用，对减肥者及中老年妇女的健美也有显著功效。

②注意准备活动和运动后的放松，木兰拳、木兰扇动作和缓，一般3～5分钟的准备活动即可。练习前可先散步，再活动一下四肢和躯干；精神上要做到心平气和，思想集中。收势后，缓慢散步，不要立刻坐下。

③选择合适的时间，饥饿时或饱食后，都不宜练习。一般饭后隔半小时以上再练习；锻炼后，不宜立即吃饭或大量饮水，最好能隔10～20分钟后再吃饭。

④选择适宜的环境，衣着要舒适。应选择在阳光充足、空气清新、地面平坦、环境幽静的空地进行木兰拳、木兰扇的练习。

⑤掌握好运动量，一般健康者每天可练1小时左右，体弱者可根据自己的身体情况适当调节运动量。

⑥在动作的幅度上要量力而行，健身时要有一套宽松的服装、一双软底鞋。要根据自身的柔韧程度控制好动作的幅度，不要勉强自己一定要把腿抬多高、蹲多低等，应以不吃力为标准。

⑦有严重哮喘、心脏病和关节病的老年人并不适合练习木兰拳、木兰扇，但如果只是有轻微上述病症的老年人，通过练习木兰拳、木兰扇，病症可以得到缓解。同时，需要强调的是，木兰拳、木兰扇也同样适合年轻人和男性。

健身气功·大舞

第五章　健身气功·大舞

第一节　健身气功·大舞的基本概述

一、健身气功·大舞的产生与发展

“大舞”一词源于罗泌的《路史》：“阴康氏之时，水渎不疏，江不行其原，阴凝而易闭，人既郁于内，腠理滞著而多重腿，得所以利其关节者，乃制为之舞，教人引舞以利道之，是谓大舞。”《尚书》里也有对习练“宣导郁淤”“通利关节”的“大舞”或“消肿舞”的描述。《吕氏春秋·古乐》说：“昔陶唐氏之始，阴多滞伏而湛积，水道壅塞，不行其原，民气郁阏而滞著，筋骨瑟缩不达，故作为舞以宣导之。”《黄帝内经》说：“中央者，其地平以湿，天地所以生万物也众，其民食杂而不劳，故其病多痿厥寒热，其治宜导引按跷。”从以上文献资料的记述中可知“舞”与“导”直接相关，“舞”“大舞”都属于“导引”的范畴，具有相同的功能。

除有关“大舞”的直接文献记载外，湖南长沙马王堆汉墓出土的《导引图》中人物“舞”之特征和较多的“舞”之动作，也是编创健身气功·大舞的重要史料。在青海省大通县上孙家寨发掘的新石器时代的墓葬中，出土了一件与古代气功有关的“舞”纹彩陶盆。彩陶盆绘有几组人物“舞”的形态，整个画面人物突出，神态逼真。经测定，彩陶盆属马家窑文化，距今约 5000 年。中国古代的原始崖画、壁画、帛画等记载了丰富的“舞”元素。湖北随州出土的曾侯乙编钟及其乐舞，蕴含了乐舞的多种形式，为研究原始“舞”的运动形式和运动特征提供了重要依据。由此可见，不论是“大舞”的文字记载，还是实物的“舞”之图画，均说明了中华民族祖先运用“舞”

来消除疾病的真实性。这些蕴含“舞”的信息全面而丰富，为研究和编创健身气功·大舞提供了重要的依据和启示。第一，大舞产生的时间是上古阴康氏时期，至今约有7000年历史，有待专家对出土文物做进一步考证；第二，大舞产生的地点是中原地区；第三，水道壅塞，不行其原，这种自然气候的变化导致了民气郁阏而滞著，筋骨瑟缩不达，是大舞产生的重要原因；第四，解决民气郁阏、筋骨瑟缩、腠理滞著的方法是以“舞”宣导，通利关节；第五，利于宣导之“舞”才被称为“大舞”，大舞是人们为达到促使某些疾病康复的目的有意识、自主进行的身体活动；第六，以舞宣导，内容是宣和导。宣是宣发、发散、升发、展开之意；导有导引、疏通，使其恢复之意。

如今编创的健身气功·大舞立足于气功健身，突出“通利关节，以舞宣导”的特点，应用升、降、开、合的肢体动作，配合呼吸、意念，调理脏腑，疏通气血，培补元气，康复疾患，达到健身的目的。这既是对5000年中华文化的传承，又体现了与时俱进的思想。通过研究得到的这些共识，为编创健身气功·大舞奠定了坚实基础。健身气功·大舞自2009年推广以来，深受人们的喜爱，随着发展的需要，健身气功·大舞的功法在原有的基础上有了进一步的丰富和完善，便于指导健身、教学训练和表演比赛，为全民健身服务。

二、健身气功·大舞的功能

（一）脏腑为本，内导外引

健身气功·大舞的功法结构源于中医学的脏腑理论，以脏腑理论为核心，脏腑是中医对人体内部器官的总称。人体是以五脏为核心的有机整体，脏腑精气是情志活动的物质基础，五脏与喜、怒、忧、思、悲、恐、惊七种情志密不可分；喜为心之志，怒为肝之志，忧（悲）为肺之志，思为脾之志，恐（惊）为肾之志。情志活动对应人体的外在表情就是脸和五官，五官对应着身体的脏腑，面带微笑实际上就是五官放松，如眉心放松就是我们的心在微笑放松；嘴角对应着脾胃，嘴角放松也就是脾胃在放松；眼睛放松时欣赏了美好的东西，也就安抚了肝脏；鼻子对应的是肺，内导外引，所以面带微笑就是脸部自在放松，因此五脏六腑也自然是放松的。脏腑快乐了，身体也就舒服了。情志和悦，脏腑和谐，则气血调和，机体生机盎然。

以脏腑为本，意之相随，气之相伴，上下互根，升降相因，升降有度，内导外引。古时的水肿，是因洪水而致，今天的水肿是身心功能紊乱而致，是“内涝”。因为，所有的器官都是通过经络被互相联系起来的，这种联系有其独特的规律，即一脏、一腑、一体、一窍，构成一个系统。例如：心、小肠、脉、舌构成“心系统”；肝、胆、筋、目构成“肝系统”；脾、胃、肉、口构成“脾系统”；肺、大肠、皮、鼻构成“肺系统”；肾、膀胱、骨、耳和两阴构成“肾系统”。每一个系统，都以脏为首，因此，五大系统以五脏为中心，五脏当中，又以心为最高统帅，在整个人体中，心对人的生命活动起主宰作用。大舞的预备势及转换动作，具有导引人体的气机运行，畅通三焦、手三阳及手三阴经脉的作用，同时还能按摩脏腑，愉悦心情。在做这些动作时，用微笑引领动作，以愉悦滋润脏腑，气血充盈，舒胸展体，能使练习者为练功做好准备。例如，昂首势，它侧重导引任脉和督脉，任脉主血，为阴脉之海，督脉主气，为阳脉之海，两脉相连形成周天。任督二脉分别对十二经脉中的手足六阴与六阳经脉起主导作用，十二经脉气血充盈，会流溢于任督二脉；若任督二脉气机旺盛，也会循环作用于十二经脉，故说：“任督通则百脉皆通。”大舞的开胯势，侧重导引的是肝，肝藏血，主疏泄，具有协调气血运行、调节精神情志、促进消化吸收、调理任冲二脉和调节水液代谢的功能。

大舞功法势势相生，形成整体，具有整体性、结构性的和谐。从预备势开始，到收势的结束，每一招，每一势，环环相扣，头尾相接，上下往复，循环上下；每一势动作的转换与过渡，衔接自然流畅，有条不紊，既有规律可循，又无规律可照，有心又无心，有形又无形，由上往下，一节一节。

（二）精气神合，生克制化

大舞的功法中充分运用了炼精化气，炼气化神，精气神互化，生克制化的理论，并在动作设计中融入了这一理论。整套功法八式动作，包括预备势和收势，是一个相合、相契、和谐的整体。五行的联系，不是孤立、静止的存在，而是相生相成，相克相制，生中有克，克中有生，生中有制，你中有我，我中有你，相互影响，相互制约，不过不及，维持脏腑平衡。在健身气功·大舞中，如：第二式开胯势，侧重导引对应肝，肝生心，肝对木，木生火；第三式抻腰势，侧重导引对应心，心生脾，心对火，火生土；第四式震体势，侧重导引对应脾，脾生肺，脾对土，土生金；第五式揉脊势，侧重导引对应肺，肺生肾，肺对金，金生水；第六式摆臀势，侧重导引对应肾，肾生肝，肾对水，水生木。大舞各式在五行中相克相制的联系：开胯势——肝，克震体势——脾；震体势——脾，克摆臀势——肾；摆臀势——肾，克抻腰势——心；抻腰势——心，克揉脊势——肺；揉脊势——肺，克开胯势——肝。各式克中有生的联系：肝克脾，脾克肾，肾又生肝；心克肺，肺克肝，肝又生心；脾克肾，肾克心，心又生脾；肺克肝，肝克脾，脾又生肺；肾克心，心克肺，肺又生肾。依次往复。各式生中有制的联系是：肝生心，肝又克脾；心生脾，心又克肺；脾生肺，脾又克肾；肺生肾，肺又克肝；肾生肝，肾又克心。

健身气功·大舞功法的生克制化，是精气神合五行生克制化的和谐。其相生相成，循环往复，日月星辰，昼夜流转，自然和谐；相克相制，春夏秋冬，昼夜回转，和谐共存。相克相制，你中有我，我中有你，生中有克，生中有制，维持脏腑平衡和谐。克中有生，相互影响，相互制约，不过不及，和谐平稳。

（三）和谐共生，天人共舞

古有“小乐吟吟，大乐高歌，极乐手舞足蹈”之说，古代大舞中运用了“以乐调心，以乐安神，以乐康体”的元素，健身气功·大舞中继承了“乐”的理念和方法，要求习练时面带微笑，用微笑引领动作，使心神与形体相呼应，让微笑成为习惯，融入生活方式中，这样不仅能修身养性，康复疾病，而且能使习练健身气功·大舞的境界得到升华。习练时要收敛心神，心回气归，气归心静，心静气定，气定神敛，要心澄貌恭。

健身气功·大舞原本合理至善，善性原本具足。先祖们很早就知道用“舞”来表达一切，如丰收、祭拜、祈福、喜庆等。“舞”代表着善、美、乐。长袖善舞、尽善尽美、明眸善睐，都是善的美好表达。“舞”就是“善”，

“善”就是“乐”，“乐”就是“舞”，循环往复，善、舞在其中。

健身气功·大舞将意识和动作融合在一起，习练时能充分感受到身体的导引抻拉，使气到、意到、血到、神到，动作浑然天成，收放自如，练习者脸上的神韵在沉淀下会透着一股灵气，一股禅意，一种内心的笃定与安详。随着习练的深入，练习者能感受天人相应，天人共舞，觉得自己恢复了清明，开始对周围的一切感兴趣，喜欢和大自然在一起，能聆听自然的声音、身体的声音。健身气功·大舞的智慧也随着我们的身体“出来”了，机体越来越健康，头脑越来越敏锐，内心越来越清明，能充分感受到身体的每一个细胞都充满了生命的活力。

（四）以舞合道，术道并重

健身气功·大舞是由原始功法整理而来的，源于中国优秀的传统文化，内含有着无穷奥妙的养生之道，蕴藏着大智慧、大奥秘，是中国古代哲学思想与现代养生理念的融合。其历史悠久，内涵丰富，随着实践的深入，对健身气功·大舞技术、技巧、方法的不断使用、修正、思考、体悟，进而升华，拓展对“舞”的认知、“舞”的体悟。“舞”是和谐的肢体语言，这种舞的语言之“根”是“道”，是自然变化的规律，是“道”的演化。习练之人是“德”，“道”是隐形的，“德”是显现的，道与德互根互新，相互作用。因此，健身气功·大舞的功理是根，功法是枝，理法是构件，习练之人的德是树，无根自然不会有枝有花，而习练之有德才能成就枝繁叶茂的参天大树。

以舞合道，术道并重。健身气功·大舞以术载道，术道并重，能帮助广大练习者更好、更全面地了解大舞养生功法的文化内涵与根源。以此提高练功水平与觉悟，达到促进身心平衡、社会适应、健康养生的目的；传授新理念、新思路、新方法，让练习者由“术”而“道”进行转变，明白“是什么”“为什么”“怎么练”。掌握了大舞功法结构和谐的原理，轻松、愉悦、明理、智慧地进行练习，层次便会逐级上升；心悦诚服，不纠结，不怀疑，坚定信念地去习练，这样练功才能达到事半功倍的效果，在健身养生得道之时，提高人生境界，获得富足与快乐。人最大的养生就是提升内在的境界。健身气功·大舞能为练习者点燃一炷心香，敲开一道门，打开一扇窗，让练习者知道习练的不仅是一方一法，更重要的是养生之道。有道才有术，有道才能更好地应用诸多不同的术。

三、健身气功·大舞的特色

（一）以舞宣导，通利关节

健身气功·大舞以古代朴实的舞蹈动作为基础，融合导引的“三调”，来宣发、疏通、调理、启动人体气机，改善人体的气血运行及关节功能。

运动人体科学表明，人体的运动系统，由骨、骨连接和骨骼肌三种器官组成。从运动的角度看，骨是被动部分，起着杠杆作用；骨骼肌的肌肉收缩起着动力作用；骨连接在关节的运动中起着枢纽作用。脊柱是人体小关节最多的部位；肩、肘、腕和髋、膝、踝等关节中，肩关节是人体活动幅度最大的关节，而髋关节是人体最大的关节。骨与骨的每一个联结都对各器官起保护作用，各自以不同的形式联结在一起，构成了骨骼，形成了人体的基本形态。它的形态结构随着人体内、外环境的改变而变化。

传统医学认为人体是一个有机的整体。人体的结构互相联系，互相协调，互相为用，互相影响，不可分割。其关窍与“八大通道”的导引、畅通，对身体健康发挥重要作用。人体的关窍均在关节处，而“八大通道”分布在上下肢的根部，有内外通道之别。上有四个通道，两个外通道是肩胛，两个内通道是腋窝；下有四个通道，两个外通道是骶髂关节，两个内通道是腹股沟。

健身气功·大舞的主要特点就是以舞宣导，通利关节，这也是它的核心理念，即通过髋、膝、踝、趾、肩、肘、腕、掌、指等关节的屈伸、环转等运动，来梳理、柔畅关节筋脉，调和、疏通肢体经络和气血。同时，通过抻、拔、拉、震、揉、摆、旋转、开合、昂首、按摩、飞身等方法舞动躯干，拉伸肩、髋，起到以大关节带小关节、以点带面的作用。功法动作不仅能对肩、肘、腕、髋、膝、踝的关窍进行导引，人体的“八大通道”在功法中也得到了很好的疏导。更重要的是，人体的前正中线上有三个丹田，即两眉之间的上丹田，两乳之间的中丹田和肚脐下的（气海穴）下丹田；人体后正中线上有三关，即枕骨下缘的玉枕关，肩胛之间的夹脊关和尾椎处的尾闾关；上有百会和后顶，下有会阴和命门。通过内伸外展和内旋外转，牵拉关节，节节引开，节节伸展，抻筋拔骨，升发阳气，导引关窍，发动气机，以打开调节人体的重要开关。协调配合，相互促进，筋肉是人体外在的系统组织，脏腑是人体内在的系统组织。躯干在舞动中，不仅能疏导、通利人体外在的系统组织，还能揉按人体内在的系统组织，从而调和、舒畅五脏六腑的气血运行。

以舞宣导，通利关节，重点是宣和导，宣是宣发、发散、升发、展开之意，导有导引、疏通，使其恢复之意。应用升、降、开、合的肢体动作，配合呼吸、意念，从而达到调理脏腑，疏通气血，培补元气，康复疾患，健康养生的目的。健身气功·大舞功法中这一核心理念，充分体现了其功法技术的完整性、合理性、客观性、科学性、自然性及艺术性，符合人体运动的生理规律。

（二）以神引舞，以舞导气

在传统医学范畴内，神的概念有广义和狭义之分。广义的神，是指人体的生命活动及其外在表现，如人的整体形象、面色、眼神、言语、应答及肢体活动姿态等，无不包含于神的范围。凡是机体表现于外的“形征”，都是机体生命活动的外在反映，即通常所说的“神气”。《素问·移精变气论》说：“得神者昌，失神者亡。”狭义的神，是指人的精神活动，包括意识、思维、情感、感觉、领悟、智慧等。

以神引舞，以舞导气。“神”以人体的精、气、血、津液作为物质基础，生来的精神是“神”的基石，后天的精气是“神”的给养。《灵枢·平人绝谷》说：“故神者，水谷之精气也。”中医学认为人体之神藏于心，如《灵枢·大惑论》有“心者神之舍也”一说。《素问·宣明五气篇》说：“心藏神。”由于神具有主宰人体五脏六腑、形体关窍等一切生理活动和人体精神意识活动的能力，故《类经·脏象类》有“心者，君主之官，神明出焉。心为一身之君主，禀虚灵而含造化，具一理而应万机，脏腑百骸，唯所是命，聪明智慧，莫不由之，故曰神明出焉”一说。

古时的大舞十分注重“神”的运用，发挥“心神”的功能。健身气功·大舞继承了这一元素，并在传承中不断发展形神一体、形神共养、形神和谐、身心和谐、内外和谐、天人和谐的理念。通过舞的神韵、舞的律动、舞的美感、舞的快乐，产生平和、安宁的巨大能量。故全套功法在练习的过程中，以优美的姿态，创造的活力，实现气血的调和，阴阳的平衡。脉络清晰，除了肢体枝节末梢的宣导，以及腰、躯干之根结的和谐舞动外，还应轻身慢舞，充分地引动肢体抻展，上下相随，连绵不断，缓慢推进。这些特点充分体现了大舞的气功属性，并从脏腑中知、心性中知、神态中知，区别于表演舞蹈。例如，抻腰势，抻，与“伸”同，申也，展也，抻物长也；引戾也，朝相反的方向牵引；腰，从肉，要声，本作“要”，本义是胯上胁下的部分，是肾脏的俗称，也指某物的中部或中间部分。本势动作，通过合掌伸展和内收，与心神的舒展和内敛相配合，侧重调心，唤醒“心神”；以抬头翘尾与撑涌泉穴、牵引膀胱经相配合，升发阳气，引动肾水，上济“阳光”，以调心神。以动作之“根”，由内动而外展，由心回而气归，是要领之关键。腿之根在胯，臂之根在肩，躯干之根在腰，动作“总根”在心，所谓心动而形动是矣！心平而神宁，神宁而气归其位，气归其位则能蓄，蓄则能伸，伸则能下，下则能定，定则能固，固则能萌，萌则能长，长则能退，是拳到、意到、气到、血到。看似就近身心，但行意必在远处！因而要找到动作的出发点，从“心”出发，调心为要，神从心出，让心平淡自如，让心放收自如，让心真诚自如，让心仁爱宽容；让爱心滋润动作，让愉悦引领动作，让气息导引动作。舞姿的变化引导着全身运动，带动关节、肌肉活动，启动关窍，和谐脏腑，达到以神引舞、以舞调心、以舞导气的目的。

（三）刚柔相易，鼓荡气息

人体的运动是以骨为杠杆，关节为枢纽，肌肉收缩为动力来实现的，并且人体关节的运动一般是旋转运动，旋转运动是绕着某个轴进行的。在运动中有屈伸、外展内收、旋转三类基本运动形式。此外，还有环转和水平屈伸运动。健身气功·大舞通过肢体的旋、拧、屈、伸等“舞动”，既是完美的“舞蹈”，又是可以发出不同音律的“乐器”。其刚柔，是柔多刚少，刚而不僵，柔而不懈，以意识支配动作，微笑引领动作，用意不用力，达到内外相合、上下连贯的整体劲力。

人体是一个精密度非常高的生态调节系统，其中的原动力就是气。传统医学将气的运动形式归纳为升、降、出、入四种，认为在生命的进程中，没有升、降、出、入，就没有生命活动。气的运动是通过脏腑的功能实现的，其动作柔中有刚，刚中有柔，阳刚，阳气，大开大合的表现，能促进呼吸吐纳在自然中鼓荡气息；动作中表现的刚柔相济，能鼓荡气息。且刚与柔是不断相互转化的，是有张有弛，有沉有轻，是阴阳对立统一的辩证关系，既舒展大方，松柔缓慢，又有着内在的阳刚之美。例如，习练开胯势，臀部左右摆动时，以胁肋部的两侧协调引伸，带动尾椎至颈椎逐节拔伸，抻拉至止点是刚，为实；随后身体以髋、肩关节左右上下转动，带动两臂伸展至下次收臂抻拉过程是柔，为虚。其侧重导引的是肝，肝藏血，主疏泄，具有协调气血运行、调节精神情志、促进消化吸收、调理任冲二脉和调节水液代谢的功能。练习时要求旋腿顶髋，磨运涌泉，展臂转头，面带微笑。肝在志为怒，怒则气上，但适当的“怒气”有利于气机升发，过则伤肝，如何调控呢？那就是在练习中运用微笑导引，让心平而气和。肝在五行中为木，有升发条达之性，在刚柔、微笑中条达，以疏肝理气；肝在体主筋，舒筋以柔为贵，筋柔以养精为要，养精以调气为主，调气以调心为宗，调心以微笑为手段，在旋腿顶髋伸筋的同时，以微笑相配合，达到筋柔气和。肝开窍于目，当内心微笑时，目亦“微笑”，眼睛是心灵的窗户，眼睛“微笑”时，其气应肝，内导外引，鼓荡气息，疏肝理气。肝其华在爪，练习时以胯带脊，以脊带臂，内气节传导至指尖，同时面带微笑，心无挂碍，两臂左右柔和、缓慢地伸展如莲花徐徐盛开，呼吸匀、细、柔、长，心意安然，气血调和，在自然中鼓荡气息，“怒火”平息，微笑会更加灿烂。

因此，习练本法时，用微笑去引领，让练习者在用力之后适当放松，松柔之后适当有刚。这样，动作就不会出现机械、僵硬或疲软无力的松弛状况。但习练动作不能绝对的刚或柔，应做到刚与柔、虚与实的协调配合，即刚中含柔、柔中寓刚。否则，用力过刚，会出现拙力、僵力，以致影响呼吸，破坏宁静的心境；动作过柔，会出现疲软、松懈的情形，起不到良好的健身作用。

健身气功·大舞作为我国传统的健身方法，内在脏腑、气机的和畅运行，以及肌肉松紧的灵活调整，需肢体动作在自在的状态下，内伸外展，内旋外转，内外配合，相互促进，相互作用，刚柔相济，鼓荡内气。以此来培补元气，使气有所运，筋有所养，血有所行，提高肌体的抗病能力，使脏腑气机和谐有序，发出和谐之音。

（四）身韵圆和，意气相随

身韵，即外在肢体动作的身法与内在神采的韵律的结合。身法属于外在显现，韵律属于内在表现。健身气功·大舞中的身，是以脊梁为轴线的躯干做上提、下沉、内含、外腆、横拧、倾仰、冲靠、画圆、侧提等动作，带动四肢展现出各种舞姿与体态。韵，是气韵、呼吸、意识、情感、神采等。身与韵有机结合和渗透，其内涵、神韵、平和、安宁与美好通过肢体动作表现出来，形成了其独特的律动性、圆活性、柔美性，体现出了健身气功·大舞圆和的神韵和风采。

健身气功·大舞中身韵的表现，主要体现在随息而动的肢体运动，气息节奏的律动徐缓，开吸合呼的平稳宁静，以及意气相随中动作的升降、开合、旋转、展伸等阴阳变化，契合了人体气、血、津液、精、神及脏腑功能的阴阳变化，在阴阳变化的律动中遵循阴阳交感、对立制约、互根互用、消长平衡、相互转化等基本内容。例如，震体势，震，从雨，辰声，本义是雷撼天地；震，动也，起也，以能震物而谓之震也。引伸之，凡动谓之震。体，身也，是“體”的简体字，从骨、从豊，本义是指人身上的骨节系列，总十二属之名也，十二属者，顶、面、颐，首属三；肩、脊、臀，身属三；肱、臂、手，手属三；股、胫、足，足属三也。通过有韵律的震动，舞动身体，愉悦心神，使身体这件精美的“乐器”有序震动。当握固上提至定势动作时，力在腕关节，意在腕，意为气之帅，气为血之帅，意到气至，气至血达，因此，力在腕关节；上提至定势动作时，应与目视前下方相配合，眼睛是心灵的窗户，目之所至，心之所使，意之相随，气之相伴，上下互根，升降相因，升降有度，内导外引，以达调脾理胃之功效。此功法还十分注重臀部的摆动，摆臀形成“三道弯”的动作，既体现了古老朴实的优美舞姿及风貌，又带动了脊柱的旋转屈伸，启动、导引督脉气机，让气在脏腑、经络、四肢、诸窍中循环畅通，激发、协调、平衡人体的各种生理功能。

“圆”中生万变，万变不离其“圆”。人体在做动作时总是呈现为一种回转之态，这种态就是圆。健身气功·大舞的全部动作可以说无一不是圆的，是画圆圈的艺术。身韵的元素化动作中以拧、倾、圆、曲突出人体的曲线美、阴柔美、阳刚美、大开大合之美。例如，揉脊势，以胸为原点，分别做合、含、屈、降、开、腆、伸、仰、宣发的动作，通过脊柱带动四肢左右侧伸和侧屈画圆，身体延伸有控制的无限拉长，宣发和肃降肺气；左右侧伸和侧屈画圆时，从髁至膝、髋、脊柱、肩、肘、腕到手指，从下向上逐节伸展，由下向上逐节收敛，劲断意不断，意断势相连，动作圆活，招招不离弧形，势势皆成圆像，整体运动圆转连贯，眼随手走，心随意走，意到心到，心到神到，神到气到，气到血到，神韵相随，意气相随，让身形、气息、神韵融为一体。

健身气功·大舞的画圆艺术，看似有意又无意，意念带动动作，动作带动呼吸，呼吸带动眼神，眼神柔顺，眼神平和，心神安宁，心神贯注、统一。因是自然、自性、自醒演练，一切和顺、顺畅，如气机顺畅，气血顺畅，经络之气顺畅。因此，轻盈、灵活、柔美、滋润、圆活，圆的心法情感和气质流淌在功法技术之间。

（五）内动外舞，形神兼备

大道为大，形态为舞。人体是一个有机整体，讲究运动的整体性，形神是人体运动的不同表现形式，是我们整个生命的中心、支柱。中医学认为，形神合一，神乃形之主，形乃神之宅。形存则神在，形亡则神灭。健身气功·大舞传承于古老文化，动作朴实，舞姿柔和，节奏舒缓，由内而外散发着一种美，一种柔和之美，一种刚柔之美。它的舞姿由内气有序运行表达，形成由内导外、由外引内的整体运动，运动的过程具有内动外舞，形神兼备，形神相合的特点。内动是外舞的支撑，外舞是内动的表现。两者相辅相成，相互促进，相互依存。

健身气功·大舞的内动外舞有多个层面的表现。内动不仅是指脏腑、经络、气血的运动及其有规律的变化，还指其功法技术的内在道德修养及文化内涵，包括心性上的和谐、稳定；而外舞除了指人体是一个有机整体，人体的结构互相联系、互相协调、互相为用、互相影响、不可分割外，还指人们习练时表现的功法技术和演练时的神态表情。例如，飞身势，此势需平稳迈步，两臂连贯画弧从根节抡臂，让内气缓缓延伸到指腹、脊柱，从下往上，从前往后，小幅度地节节蠕动，躯干有意识地旋转，稍停屏气，四肢有控制地拧转，启动全身气机，疏通关窍，动诸关节，促进气血的疏通，内外配合，内外和谐，内外作用也是“内外兼修”。“内外兼修”是指重视外在表现合乎动作规范的同时，重视内在道德修养的提升。形神一体，形神共养，最终达到“表里如一”“知行合一”，并能“融会贯通”地完成修养身心的全面提升。最后，通过优美的舞姿来达到外导内引、内生外发、内外合一的目的，使外在的舞姿、动作对内在的生理活动起到顺水推舟之效，达到“虚其心，实其腹”，安静虚无，“不倒翁”的境界。

拳在形，形在意，意在神。健身气功·大舞的形神兼备是指脏腑与动作的和谐，是神、意、气在体内的和谐运作，也是心性的虚静、虚无与和谐平稳，驾驭自己平稳的心性到达放松的彼岸、和谐的彼岸。形的外在美好的展现，是肢体动作的和谐伸展，是自觉地调整身体姿势或进行一定的动作，也称炼形。例如，摆臀势，习练时脊柱逐节伸直与合掌下蹲相配合，导引脊柱关节逐节收敛。节节伸直时，从尾椎开始，至骶椎、腰椎、胸椎、颈椎，逐节放松，收敛伸直，最后抬头中正，手臂上提，从肩至手，逐渐上提。在虚静、虚无与平稳中体悟摆臀势的主体动作，尾椎画圈与合掌画圈相配合，带动脊柱，脊柱带动脏腑做缓慢柔和的摆动，轻松自在，从有到无，从无到有，似无似有。天人合一的摆臀意境，有疏通经络、血脉和畅、滋润脏腑、舒筋柔骨的锻炼效果。

第二节　健身气功·大舞的技术与方法

一、动作名称

预备势

第一式　昂首势

第二式　开胯势

第三式　抻腰势

第四式　震体势

第五式　揉脊势

第六式　摆臀势

第七式　摩肋势

第八式　飞身势

收　势

二、动作图解

（一）预备势

动作说明：两脚并拢，两腿自然伸直站立；两臂自然垂于体侧，两掌心轻贴腿外侧；下颏微收，头正颈直，竖脊舒胸，周身中正，唇齿合拢，舌尖放平，轻贴上腭，自然呼吸，面带微笑，目视前下方（图 5–1）。屈肘，两掌于腹前十指相对，掌心向上，缓缓上托，与膈肌同高，目视前下方（图 5–2）。

图 5–1

图 5–2

前臂水平向前、向两侧分开外展，与肩同宽，大臂自然下垂，两掌指尖向前，掌心向上；随后，向内旋腕，掌心斜相对，左掌心向右上方，指尖向左上方，右掌心向左上方，指尖向右上方，劳宫穴与膻中穴同高，目视前方（图 5–3）。动作不停，两臂弧线上抱，左、右手臂向上至额部前上方，两臂向前与身体平面约 30 度，两臂之间约 90 度，两臂微屈呈弧形，掌心斜相对；同时，目随手视，缓慢抬头至目视前上方（水平线向上约 60 度），配合吸气，动作略停（图 5–4）。

屈膝下蹲，大腿与小腿约 135 度；同时，两臂屈肘内收，两掌收至胸前，指尖相对，掌心向下；两掌下引与肚脐同高，两掌的鱼际穴与肚脐相距 10 厘米，指尖斜相对，相距 10 厘米，引气归元；配合呼气，目视前下方（图 5–5）。

图 5–3

图 5–4

图 5–5

动作要点：气沉丹田，内安脏腑，外松筋骨，利于气血运行，为练功做好准备。心神宁静，心静气定，气定神敛，利于心理调节。

（二）第一式　昂首势

动作说明：重心右移，左脚向左开步，脚尖向前，两脚平行站立，两脚内侧略宽于肩，两膝自然伸直；同时，两臂侧起至侧平举，肘微屈，掌心向上，指尖向外；配合吸气，目视前方（图 5–6）。屈膝下蹲，大腿与小腿约 135 度；同时，沉肩落肘，两肩胛内收，大臂下端略低于水平线约 10 度，前臂内收，大臂与前臂约 90 度，腕关节外展，掌心向上，指尖向外，抬头翘尾，脊柱反弓；配合呼气，目视前上方（水平线向上约 45 度），动作略停（图 5–7）。

两膝自然伸直；同时，两臂外展成侧平举，肘微屈，掌心向上，指尖向外；下颏回收，头中正，尾闾下垂，躯干伸直；配合吸气，目视前方（图 5–8）。重心右移，左脚收回并步，两膝伸直；同时两臂向上环抱，指尖相对，掌心斜向下；配合吸气，目视前方（图 5–9）。

图 5–6

图 5–7

图 5–8

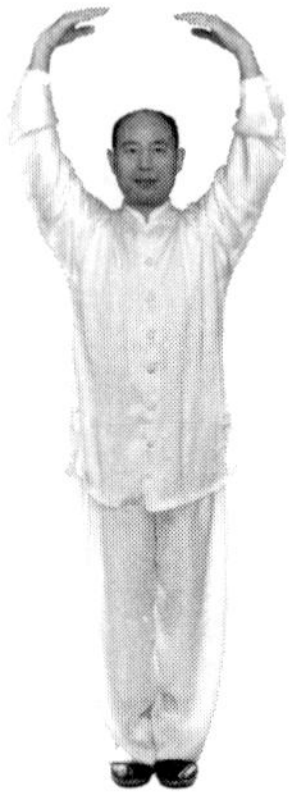

图 5–9

然后，引气归元，两掌经体前下引至与肚脐同高，与其相距 10 厘米；指尖斜相对，相距约 10 厘米；同时，屈膝下蹲，大腿与小腿约 135 度；配合呼气，目视前下方（图 5–10）。左、右各一遍（图 5–11 至图 5–15）。

图 5–10

图 5–11

图 5-12

图 5-13

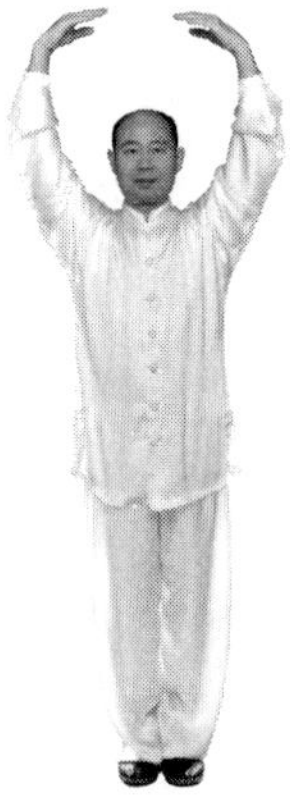

图 5-14

图 5-15

动作要点：通过重复脊椎反弓的动作，可以有效牵引椎间关节。通过下蹲和刺激神道穴，能够增强下肢力量和平衡能力，同时对脊柱、心、肺有较好的调理作用。脊柱反弓和伸展胸腹，有利于改善胸、腹腔的血液分布。

（三）第二式　开胯势

动作说明：重心右移，提左膝，大腿下端高于水平，小腿及脚趾自然下垂；同时，两臂侧起，在肩部下方时，掌心向后；侧平举时，肘微屈，掌心向上，指尖向外；至头顶前上方时，两臂向前与身体平面约 30 度，两臂之间约 90 厘米，掌心斜相对，配合吸气，目视前方（图 5-16）。左脚向左前方约 30 度上步，成左弓步；同时，两臂收至额前上方，与身体平面约 30 度，掌心相对，相距约 20 厘米，肘微屈，指尖向前上方；配合吸气，目视前方（图 5–17）。

右脚上步至左脚内侧，两脚相距约一脚的长度，右脚掌着地，脚跟离地，脚尖向前，成右丁步，左膝微屈；同时，沉肩坠肘，自然落臂，两掌下落至额前，劳宫穴与印堂穴同高，两掌的鱼际穴与额相距约 5 厘米，掌心相对，相距约 20 厘米，目视前方（图 5–18）。

图 5–16

图 5–17

图 5–18

重心在左脚，屈左膝下蹲约 45 度；臀部向左摆，脊柱侧屈，向左顶髋；同时，以右脚掌为支点，脚尖外旋，摩运涌泉穴，带动右腿外旋，牵引右胯；同时，两臂向两侧外展，左臂外展呈弧形，肘微屈，腕关节与肩同高，掌心向内，成自然掌，劳宫穴与印堂穴相呼应；右臂外展，上臂至右上方，肘微屈，呈弧形，劳宫穴与玉枕穴相呼应；配合呼气，动作略停，目视左手（图 5–19）。

图 5–19　正

图 5–19　背

左膝伸直，右脚回旋，摩运涌泉穴，脚尖向前，保持脚跟离地，头转正，目视前方；同时，两臂外展至侧平举，肘微屈，掌心向上，指尖向外；动作不停，提右膝，大腿下端高于水平，小腿及脚趾自然下垂；两臂侧起，至头顶前上方，两臂之间约 90 度，掌心斜相对；配合吸气，目视前方（图 5–20）。右脚向右前方约 30 度上步，成右弓步；同时，两臂至头顶前上方，掌心相对，相距约 20 厘米，肘微屈，指尖向前上方；配合吸气，目视前方（图 5–21）。

左脚上步至右脚内侧，两脚相距约一脚的长度，左脚掌着地，脚跟离地，脚尖向前，成左丁步，右膝微屈；同时，沉肩坠肘，自然落臂，两掌下落至额前，劳宫穴与印堂穴同高，两掌的鱼际穴与额相距约 5 厘米，掌心相对，相距约 20 厘米，目视前方（图 5–22）。

图 5–20

图 5–21

图 5–22

重心在右脚，屈右膝下蹲约 45 度；臀部向右摆，脊柱侧屈向右顶髋；同时，以左脚掌为支点，脚尖外旋，摩运涌泉穴，带动左腿外旋，牵引左胯；同时，两臂向两侧外展，右臂外展呈弧形，肘微屈，腕关节与肩同高，掌心向内，成自然掌，劳宫穴与印堂穴相呼应；左臂外展，上臂至左上方，肘微屈，呈弧形，劳宫穴与玉枕穴相呼应；配合呼气，动作略停，目视右手（图 5–23）。

本式上步一左一右开胯做一遍，退步一右一左开胯做一遍。

右腿伸直，左脚回旋，摩运涌泉穴，脚尖向前，保持脚跟离地，重心在右脚；左脚向左开步，两脚平行，脚内侧略宽于肩，两膝自然伸直；同时，头转正，目视前方，两臂展开成侧平举，肘微屈，掌心向上，指尖向外（图 5–24）。

图 5–23　正

图 5–23　背

图 5–24

两臂向头顶上方环抱，指尖相对，掌心斜向下；配合吸气，目视前方（图 5–25）。松肩坠肘，两掌经体前下按，引气归元，按至腹前与肚脐同高，与其相距 10 厘米，指尖相对；同时，屈膝下蹲，大腿与小腿约 135 度；配合呼气，目视前下方（图 5–26）。

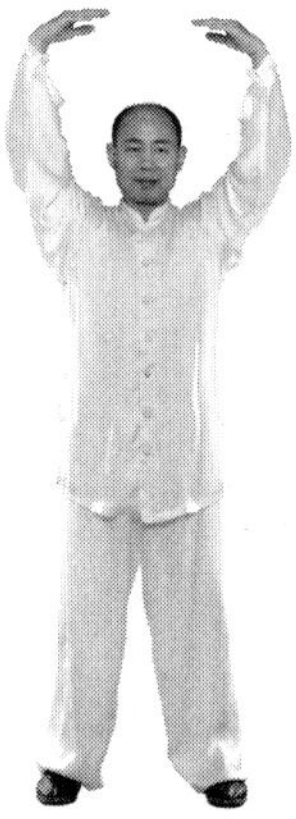

图 5–25

图 5–26

动作要点：本式通过开合旋转来拉伸肩、髋，可起到以大关节带小关节、以点带面的作用，可通利关节。在开胯时，通过脊柱做侧屈、侧伸，两臂左右伸展，牵引胁肋部，配合大敦穴点地外旋，能起到疏肝理气、疏导气血的作用，可增强下肢力量和平衡能力。

（四）第三式　抻腰势

动作说明：重心左移，以右脚跟为轴，右脚掌内扣约 45 度，重心由左向右移动，以左脚跟为轴，脚尖外展约 90 度，身体随之左转约 90 度；同时，两掌相合成空心于膈肌处，掌根桡侧与胸相距约 10 厘米，指尖向前上方，目视前方（图 5–27）。右腿自然伸直，左膝上提，小腿、脚尖下垂，脚趾内扣；同时，两掌自然上抬，劳宫穴与膻中穴同高，两掌的鱼际穴与膻中穴相距约 10 厘米，指尖向前上方，目视前方（图 5–28）。

图 5–27

图 5–28

右腿伸直，左脚尖上跷，向前缓慢蹬出，左腿伸直，目视前方（图 5–29）。屈右膝，左脚向左前方约 30 度上步，成左弓步，目视前方（图 5–30）。两脚不动，躯干前倾约 45 度；同时，两掌向前上方伸出，眼随手转视，目视前上方，当手臂将要伸直时，下颏回收，目视前下方；同时，两臂前伸至上臂内侧贴耳，两肘微屈，右脚跟着地，向后下方牵引，右腿、躯干、手臂成一直线；配合吸气，动作略停（图 5–31）。左脚不动，右脚跟离地，右脚趾抓地；同时，手臂持续向前上方引伸，保持右腿、躯干、手臂成一直线；自然呼吸，动作略停，目视前下方（图 5–32）。

图 5-29

图 5-30

图 5-31

图 5-32

重心后移，右脚跟落地，随后屈右膝，同时，左脚掌趾跷起，左腿伸直，翘臀、塌腰、挺胸、抬头；躯干前倾约 30 度，两掌收回膻中穴，两掌的鱼际穴与膻中穴相距约 15 厘米，指尖向前上方；配合呼气，动作略停，目视前上方（图 5-33）。重心前移，左脚掌落地；两掌向前上方伸出，先目视前上方，当手臂将要伸直时，下颏回收，目视前下方；同时，两臂前伸至上臂内侧贴耳，右脚跟着地，向后下方牵引，右腿、躯干、手臂成一直线；配合吸气，动作略停（图 5-34）。图 5-35、图 5-36 的动作同图 5-32 和图 5-33。

图 5-33

图 5-34

图 5-35

图 5-36

起身，右腿自然伸直（图 5-37），以左脚跟为轴，左脚掌内扣约 135 度，身体右转约 90 度，两膝微屈（图 5-38）；重心左移，以右脚跟为轴，右脚掌外展约 135 度，同时，身体右转约 90 度，保持两掌胸前相合；目视身体的前方（图 5-39）。

图 5-37

图 5-38

图 5-39

左腿自然伸直，右膝上提，小腿、脚尖下垂，脚趾内扣；保持两掌相合成空心，劳宫穴与膻中穴同高，两掌的鱼际穴与膻中穴相距约 10 厘米，指尖向前上方，目视前方（图 5-40）。左腿伸直，右脚尖上跷，向前缓慢蹬出，右腿伸直，目视前方（图 5-41）。屈左膝，右脚向右前方约 30 度上步，成右弓步，目视前方（图 5-42）。两脚不动，躯干前倾约 45 度；同时，两掌向前上方伸出，眼随手转视，目视前上方，当手臂将要伸直时，下颏回收，目视前下方；两臂前伸至上臂内侧贴耳，两肘微屈；左脚跟着地，向后下方牵引，左腿、躯干、手臂成一直线；配合吸气，动作略停（图 5-43）。

图 5-40

图 5-41

图 5-42

图 5-43

右脚不动，左脚跟离地，左脚趾抓地；同时，手臂持续向前上方引伸，保持左腿、躯干、手臂成一直线；自然呼吸，动作略停，目视前下方（图 5-44）。重心后移，左脚跟落地，随后屈左膝；同时，右脚掌趾跷起，右腿伸直，翘臀、塌腰、挺胸、抬头；躯干前倾约 30 度，两掌收回膻中穴，两掌的鱼际穴与膻中穴相距约 15 厘米，指尖向前上方；配合呼气，动作略停，目视前上方（图 5-45）。

图 5-44

图 5-45

重心前移，右脚掌落地；同时，两掌向前上方伸出，先目视前上方，当手臂将要伸直时，下颏回收，目视前下方；同时，两臂前伸至上臂内侧贴耳，左脚跟着地，向后下方牵引；配合吸气，动作略停（图 5-46）。图 5-47、图 5-48 动作同图 5-44、图 5-45。

图 5-46

图 5-47

图 5-48

本式前伸、后坐一次为一遍，先向左做两遍，后向右做两遍。

左腿伸直起身（图 5-49），以右脚跟为轴，右脚掌内扣约 90 度，脚尖向前，随后，重心右移，左脚跟内碾约 45 度，两脚平行，与肩同宽，自然站立，目视前方（图 5-50）。随后，屈膝下蹲，大腿与小腿约 135 度；同时，两掌分开，掌心向下，指尖相对，两掌下按，引气归元，按至与肚脐同高，相距 10 厘米；配合呼气，目视前下方（图 5-51）。

图 5-49

图 5-50

图 5-51

动作要点：通过手、脚两头的缓慢持续抻拉，节节引开，抻筋拔骨，打开督脉，调理三焦，促进各关节周围的肌肉、韧带及软组织的气血运行。

塌腰、翘尾、挺胸、抬头，合掌收于膻中穴前，可调理任督二脉和心肺功能。通过脊柱的反向牵拉，对颈椎、腰椎及下肢关节有良好的保健和康复作用。

（五）第四式　震体势

动作说明：两腿伸直，同时，两臂侧起至侧平举，肘微屈，掌心向下，指尖向外；配合吸气，目视前方（图 5–52）。屈膝下蹲成马步，大腿与小腿约 135 度；同时，两臂从体侧下落至约 45 度时屈肘，两臂继续内收，与肩同宽，呈弧形；上臂与前下方约 45 度，两掌与肚脐同高，从上至下落臂时逐渐转掌心向上，指尖向前；配合呼气，目视掌心（图 5–53）。

图 5–52

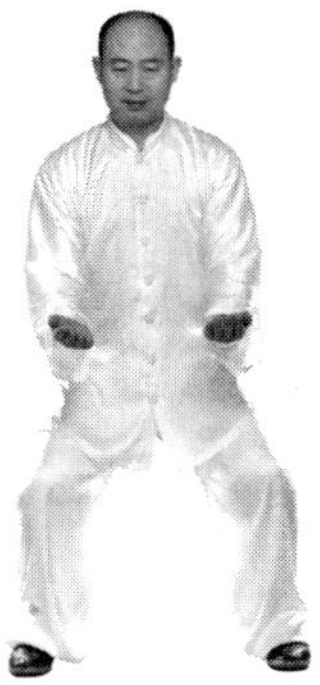
图 5–53

两腿保持不动，两手握固，大拇指指端在无名指指根内侧，从小指至食指，依次内收抓握，收于腹前，拳面相对，拳心向上，拳轮轻贴肚脐两侧；自然呼吸，目视前方（图 5–54）。重心右移，右腿缓慢伸直，左腿屈膝上提，大腿高于水平，小腿下垂，脚趾上跷；同时，两臂内旋，转拳背相对，相距约 5 厘米，两腕自然上提，拳面经耳门，提至头顶上方，肘微屈，拳面相对，相距约 10 厘米；配合吸气，目视前下方（图 5–55）。

图 5–54

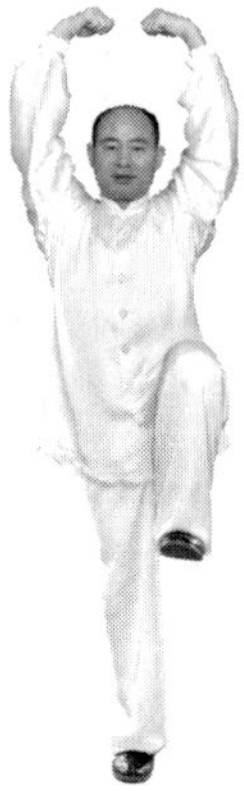

图 5–55

左腿放松，自由下落至后下方，左脚跟内旋约 15 度，脚尖点地；同时，松肩坠肘，两臂分别从两侧自由下落，下落时逐渐由拳变掌，至水平时，掌心向上，指尖向外；动作不停，两臂内旋下落，掌心向后，指尖向下，以合谷穴轻击大腿外侧中线的胆经；配合呼气，目视前方（图 5–56）。左脚向左开步，稍宽于肩，脚尖至脚跟依次落地，两腿自然伸直；同时，两臂顺势侧起约 45 度（图 5–57）。

图 5–56

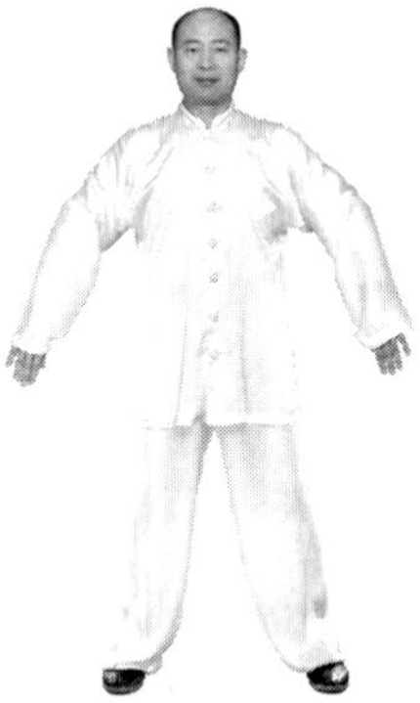

图 5–57

两脚不动，身体右转约 45 度，带动左臂，由左下方画弧至前正中线，画弧时，左臂逐渐外旋，掌与膻中穴同高，掌心向上，指尖向前，肘微屈，随后握固；同时，带动右臂，由右下方画弧至后正中线，画弧时，右臂逐渐内旋，掌与命门穴同高，掌心向上，指尖向后，肘微屈；随后握固，配合吸气，目视左手（图 5–58）。

图 5–58　正

图 5–58　侧

两腿屈膝下蹲，大腿与小腿约 135 度；同时，身体转正，松肩坠肘，左手拳轮轻击气海穴，同时，右手拳眼轻击骶骨；配合呼气，目视前下方（图 5–59）。两腿缓慢伸直；同时，躯干右转约 90 度，两拳变掌，左手向右伸出，肘微屈，掌心向上，指尖向右，掌与膻中穴同高；右手向左伸出，肘微屈，掌心向上，指尖向左，掌与命门穴同高，目视左手（图 5–60）。

图 5–59

图 5–60

身体转正，带动左手经右前方、前方、左前方画弧至左，右手经左后方、后方、右后方画弧至右，两臂成侧平举，肘微屈，掌心向下，指尖向外，目视前方（图 5–61）。图 5–62 至图 5–70 动作同图 5–53 至图 5–61，唯左右相反。

图 5-61

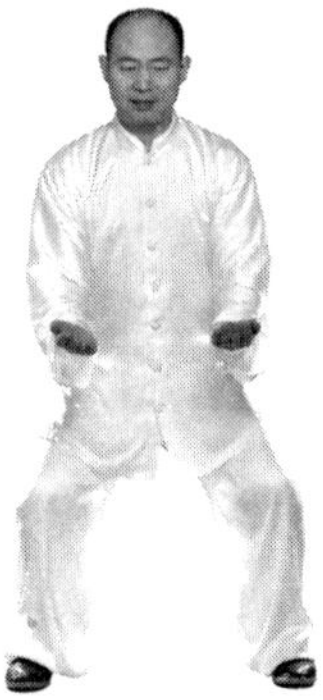
图 5-62

图 5-63

图 5-64

图 5-65

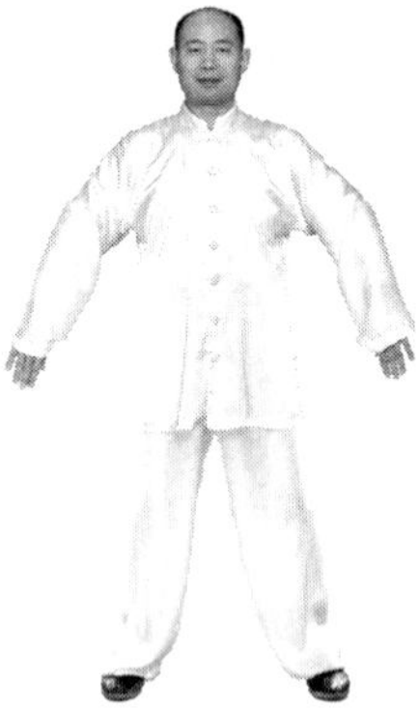
图 5-66

图 5-67　正

图 5-67　侧

图 5-68

图 5–69

图 5–70

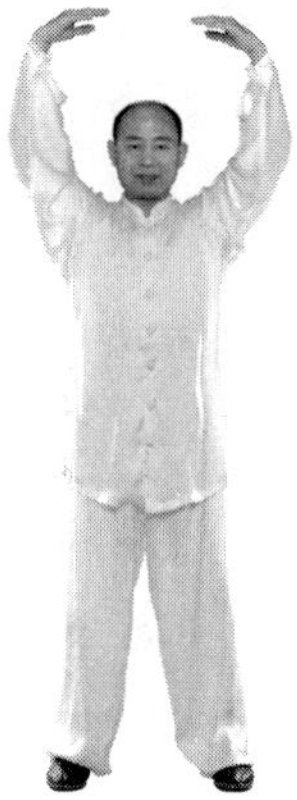

图 5–71

本式一左一右为一遍，共做两遍。接第二遍最后一动（图 5–68），两臂向下、侧起、向上环抱，指尖相对，相距约 10 厘米，掌心向下；配合吸气，目视前方（图 5–71）。随后，两腿屈膝下蹲，大腿与小腿约 135 度；同时，两掌下按，引气归元，至腹前与肚脐同高，相距 10 厘米，指尖斜相对，相距 10 厘米；配合呼气，目视前下方（图 5–72）。

图 5–72

动作要点：通过上下牵拉，对拉拔长，引长腰背，导脾气上升；落臂摆脚，敲击胆经，引胃气下行；同时，震荡丹田，鼓荡正气，培补元气，使气有所运，筋有所养，血有所行，提高抗病能力。在躯干、四肢的惯性和自身的重力作用下做被动牵引，伸展关节，可使髋关节、膝关节、踝关节得到牵拉，缓解长期过度负重引起的损伤，对下肢关节有良好的保健康复作用。

（六）第五式　揉脊势

动作说明：重心左移，右脚收至左脚内侧，两脚相距约一脚的长度，右脚掌着地，成右丁步；同时，两臂向下、向左、向上摆，左臂摆至与肩同高时，掌心向下，指尖向左；右臂摆至左胸下方，指尖向左；两肘微屈，配合吸气，目视左手（图 5–73）。

图 5–73

左腿先缓慢伸直，然后，再逐渐屈膝约 45 度，右脚以脚掌为轴，右腿外旋至脚尖向右；同时，臀向左摆，躯干向右侧屈至右上方，带动左臂摆至右上方，肘微屈，掌心向上，指尖向右，左腿、左侧躯干和左臂呈弓形；右手至左腋下，右手劳宫穴与左侧的大包穴同高，两穴相距 10 厘米，屈肘虚腋，配合呼气；目随左手转视，当躯干向右侧屈约 45 度时，向右转头，目视右下方，配合呼气，动作略停（图 5–74）。从最后的定势，按原来的动作路线，返回初始动作，配合吸气（图 5–75）。

图 5–74　正

图 5–74　背

图 5–75

右脚向右开步，两脚平行，脚内侧略宽于肩，两腿屈膝约 45 度，成马步，右臂向下、向右至右下方，肘微屈，掌心向后，指尖向下；左臂下落至左下方，肘微屈，掌心向后，指尖向下，配合呼气（图 5–76）。重心右移，左脚收至右脚内侧，两脚相距约一脚的长度，左脚掌着地，成左丁步；同时，两臂向右摆，右臂摆至与肩同高时，掌心向下，指尖向右；左臂摆至右胸下方，指尖向右；两肘微屈，配合吸气，目视右手（图 5–77）。

图 5–76

图 5–77

右腿先缓慢伸直，然后，右腿逐渐屈膝约 45 度，左脚以脚掌为轴，左踝外旋，带动左腿外旋至脚尖向左；同时，臀向右摆，躯干向左侧屈至左上方，垂线向左约 45 度，带动右臂向上、向左摆，摆至左上方，垂线向左上方约 45 度，肘微屈，掌心向上，指尖向左，右腿、右侧躯干和右臂呈弓形；左手至右腋下，左手的劳宫穴与右侧的大包穴同高，两穴相距 10 厘米，屈肘虚腋，配合呼气；目随右手转视，当躯干向左侧屈约 45 度时，向左转头，目视左下方，配合呼气，动作略停（图 5–78）。按原来的动作路线返回，配合吸气（图 5–79）。

图 5–78　正

图 5–78　背

图 5–79

本式动作一左一右为一遍，共做两遍。

左脚开步，两脚平行，两脚内侧稍宽于肩，两腿伸直；同时，左臂向下、向左、向上至侧平举，掌心向上；右臂翻掌，肘微屈，掌心向上，指尖向外（图 5–80）。

随后，两臂向上环抱，指尖相对，相距约 10 厘米，掌心向下，手臂成弧形；配合吸气，目视前方（图 5–81）。然后，两腿屈膝约 45 度；同时，引气归元，两掌下按至腹前与肚脐同高，相距约 10 厘米，指尖斜向相对；配合呼气，目视前下方（图 5–82）。

图 5–80

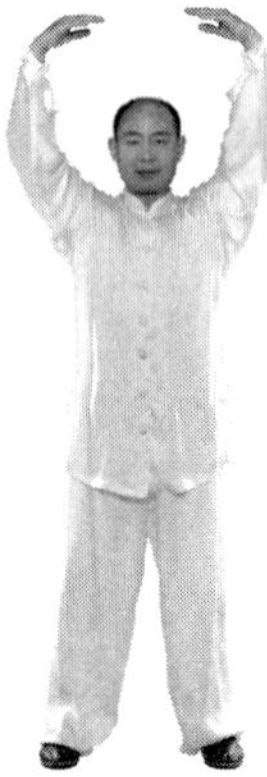
图 5–81

图 5–82

动作要点：脊柱左右侧屈、伸展，能增强脊柱关节周围韧带的伸展性、弹性和肌肉力量，有助于维护关节的稳定性。侧屈、侧伸和腿的外旋，有助于疏理肝气，宣发肺气。

（七）第六式　摆臂势

动作说明：两腿屈膝，大腿与小腿约 135 度，下颏回收，由头经颈椎、胸椎、腰椎、骶椎、尾椎，从上向下逐节缓缓牵引前屈，俯身弓腰，卷曲如钩；同时，两掌沿体前正中线下按至两膝之间，逐渐转指尖向下，掌背相靠，外劳宫穴轻轻接触，两侧的内劳宫穴与两侧的内膝眼穴相对应，两肘微屈；配合呼气，目视两掌（图 5–83）。随后，两腿缓慢伸直，由尾椎至骶椎、腰椎、胸椎、颈椎、头，从下向上依次缓缓逐节伸直，成直立；同时，两臂上提，两掌经前正中线上提至胸前，劳宫穴与膻中穴同高，前臂约呈水平，掌背相靠，指尖向下，掌心向外；配合吸气，目视前方（图 5–84）。

图 5–83

图 5–84

两腿屈膝下蹲成马步，大腿与小腿约 135 度；同时，松肩坠肘，两肘直线下落，逐渐转指尖向上，从指尖至掌根逐渐相合，两掌至胸前相合成虚空，劳宫穴与膻中穴同高，相距约 10 厘米；配合呼气，目视前下方（图 5–85）。两脚不动，保持头正颈直，臀部向左、左前方缓缓画弧摆出；同时，两掌向左、左前方缓缓画弧推出，两臂撑圆；配合呼气，动作略停，目视左前下方（图 5–86）。

图 5–85

图 5–86

臀、臂放松还原至中正（图 5–87）。两脚不动，保持头正颈直，臀部向右、右前方缓缓画弧摆出；同时，两掌向右、右前方缓缓画弧推出，两臂撑圆；配合呼气，动作略停，目视右前下方（图 5–88）。

图 5-87

图 5-88

臀、臂放松还原至中正，将图 5-85 至图 5-88 重复一遍。膝与脚尖相对，方向不变，两脚不动，保持头正颈直，向左摆臀，同时，两掌以腕为轴向左倾约 45 度，自然呼吸，目视左前下方（图 5-89）。

以尾椎为点，顺时针画平圆两圈；同时，两掌以腕为轴，保持掌根在胸前的位置相对固定，以中指尖为点，顺时针画平圆两圈；尾椎及两掌画圆是同时同方向的，自然呼吸，目随画圈方向转视，不要注视两掌。转至第二圈终点时，动作不停，尾椎及两掌继续向前画弧，转至前正中线；然后，尾椎下垂至中正，同时，两掌内收至指尖向上，自然呼吸，目视前方（图 5-90）。

图 5-89　正

图 5-89　背

图 5-90

膝与脚尖相对，方向不变，两脚不动，保持头正颈直，向右摆臂，同时，两掌以腕为轴向右倾约 45 度，自然呼吸，目视右前下方（图 5–91）。

以尾椎为点，逆时针画平圆一圈；同时，两掌以腕为轴，保持掌根在胸前的位置相对固定，以中指尖为点，逆时针画平圆两圈；尾椎及两掌画圆是同时同方向的，自然呼吸，目随画圈方向转视，不要注视两掌。转至第二圈终点时，动作不停，尾椎及两掌继续向前画弧，转至前正中线；然后，尾椎下垂至中正，同时，两掌内收至指尖向上，自然呼吸，目视前方（图 5–92）。

图 5–91　正

图 5–91　背

图 5–92

本式摆臂推掌动作一左一右为一遍，做两遍；然后顺时针两圈，逆时针两圈。

逆时针第二圈的最后一个动作时，两掌从大拇指至小指依次分开，转掌心向上，指尖向前（图 5–93），随后由小指至大拇指依次内收，旋腕，两掌从腋下向后穿至肩胛骨下，掌心向后，指尖向下，左、右腕关节贴于脊柱两侧（图 5–94）。

图 5-93

图 5-94　正

图 5-94　背

两腿缓慢伸直，同时，两掌下推至环跳穴；配合吸气，目视前方（图 5-95）。

图 5-95　正

图 5-95　背

两臂逐渐外旋侧起，掌心向后（图 5-96），至侧平举，掌心向上（图 5-97）；动作不停，向上环抱，指尖相对；配合吸气，目视前方（图 5-98）。然后，两腿屈膝下蹲成马步，大腿与小腿约 135 度；同时，引气归元，两掌经体前下按，与肚脐同高，相距约 10 厘米，指尖斜相对，掌心向下；配合呼气，目视前下方（图 5-99）。

图 5-96

图 5-97

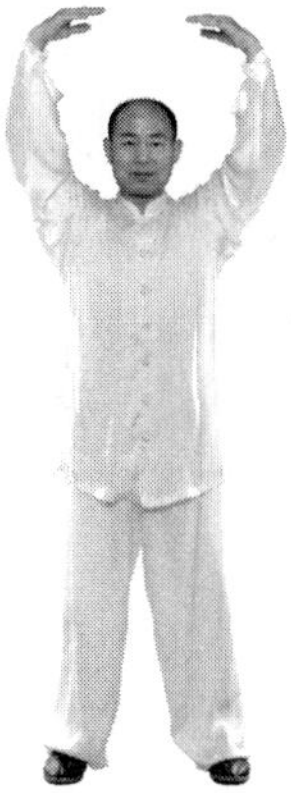

图 5-98

图 5-99

动作要点：通过摆臀动作，以尾椎带动脊柱再带动四肢运动，能对脊柱及内脏起到按摩作用，可内安脏腑，增强腰、髋关节的灵活性；合掌旋转，对肩、肘、腕及掌指关节可起到推摩和牵拉作用。传统中医学认为，腰为肾之府，肾为先天之本，藏精纳气，摆尾转腰，有壮肾强腰的作用。调理任冲二脉及带脉，对腰、腿劳损有保健康复作用。

（八）第七式　摩肋势

动作说明：两腿伸直，同时，两臂侧起至侧平举，两肘微屈，掌心向下，指尖向外；配合吸气，目视前方（图 5-100）。重心右移，以左脚跟为轴，左脚掌内扣约 45 度；随后，重心左移，左腿微屈，右腿伸直，右脚掌趾跷起，以右脚跟为支点，外撇约 90 度；同时，身体右转约 90 度，带动两臂以立圆抡臂，左臂向上至正上方，肘微屈，掌心向前，指尖向上；右臂向下至臀部稍后方，肘微屈，掌心向后，指尖向下；配合吸气，目视前方（图 5–101）。

图 5–100

图 5–101

动作不停，重心向后，上体向前俯身，带动两臂继续以立圆抡臂；左臂向前、向下至左掌心轻贴右脚尖，左指尖向前下方，左肘微屈；同时，右臂向后、向上至后上举，水平面向上约 45 度，右掌心斜向上，指尖向后上方约 45 度，右肘微屈；配合呼气，微微抬头，目视前下方，动作略停（图 5–102）。右臂屈肘，右掌贴于右腋下，掌心向内，指尖向下（图 5–103）。

图 5–102　左

图 5–102　右

图 5–103　左

图 5–103　右

右脚向右后约 30 度退步，重心后移，成左虚步；同时，躯干直立，随之左旋；右掌根沿腋中线向下推摩，经过髋关节；随后，右手向前画弧上摆，摆至前正中线，与膻中穴同高，右肘微屈，掌心向下，指尖向前；同时，左掌经左髋外侧弧线上提，提至腋下，掌心向内，指尖向下；配合吸气，目视右手（图 5–104）。

左脚向左后约 30 度退步，重心后移，成右虚步；同时，躯干直立，随之右旋；左掌根沿腋中线向下推摩，经过髋关节；随后，左手向前画弧上摆，摆至前正中线，与膻中穴同高，左肘微屈，掌心向下，指尖向前；同时，右掌收回腋下，共退 4 步，当第 4 步时，右掌向下，经右髋外侧弧线后摆至后下方约 45 度，掌心向后上方，指尖向后下方；配合吸气，目视左手（图 5–105）。

图 5–104

图 5–105

左腿屈膝下蹲，右腿伸直，右脚掌趾离地跷起，重心向后，同时身体前俯；左掌下按，左掌心轻贴右脚尖，指尖向前下方；右臂弧线上摆至后上方（水平面向上约 45 度），成后上举，掌心斜向上，指尖向后上方；配合呼气，微微抬头，目视前下方，动作略停（图 5–106）。

图 5-106　左

图 5-106　右

起身，右脚掌内扣约 135 度，躯干左转 90 度，两膝微屈内扣；同时，带动两臂内旋且以立圆抡臂，左臂向上至左上方，左臂内旋，掌心斜向后，肘微屈；右臂向下至右下方，右臂内旋，掌心斜向外，肘微屈；配合吸气，目视前方（图 5-107）。重心右移，右膝微屈，左腿伸直，以左脚跟为支点，左脚掌趾跷起，外撇约 135 度，身体左转约 90 度；同时，带动两臂以立圆抡臂，右臂向上至正上方，肘微屈，掌心向前，指尖向上；左臂向下至臀部稍后方，肘微屈，掌心向后，指尖向下；配合吸气，目视前方（图 5-108）。

图 5-107

图 5-108

重心向后，向前俯身，带动两臂继续以立圆抡臂，右臂向前、向下至右掌心轻贴左脚尖，右指尖向前下方，右肘微屈；同时，左臂向后、向上至后上（水平面向上约 45 度）举，左掌心斜向上，指尖向后上方约 45 度，左肘微屈；配合呼气，微微抬头，目视前下方，动作略停（图 5-109）。左臂屈肘，左掌收至左腋下，掌心向内，指尖向下（图 5–110）。

图 5–109

图 5–110　左

图 5–110　右

左脚向右后约 30 度退步，重心后移，成右虚步；同时，躯干直立，随之右旋，左掌根沿腋中线向下推摩，超过髋关节；随之，左手向前画弧上摆，至前正中线，与膻中穴同高，左肘微屈，掌心向下，指尖向前；同时，右掌经右髋外侧弧线上提至腋下，掌心向内，指尖向下；配合吸气，目视左手（图 5–111）。右脚向右后约 30 度退步，重心后移，成左虚步；同时，躯干左旋，右掌根沿腋中线向下推摩，超过髋关节；随之，右手向前画弧上摆，摆至前正中线，与膻中穴同高，右肘微屈，掌心向下，指尖向前；同时，左掌收回腋下，共退 4 步，当第 4 步时，左掌向下，经左髋外侧弧线后摆至后下方约 45 度，掌心向后上方，指尖向后下方；配合吸气，目视右手（图 5–112）。

图 5–111

图 5–112

右腿屈膝下蹲，左腿伸直，左脚掌趾离地跷起，重心向后；同时，身体前俯；右掌下按，右掌心轻贴左脚尖，指尖向前下方；左臂弧线上摆至后上方，水平面向上约 45 度，成后上举，掌心斜向上，指尖向后上方；配合呼气，微微抬头，目视前下方，动作略停（图 5–113）。

本式动作左边退四步，四次摩肋；右边退四步，四次摩肋。四次摩肋为一遍，左右各做一遍。

起身向右转体约 90 度，左脚掌内扣约 90 度，脚尖向前，随后重心稍左移，右脚跟内碾约 45 度，两脚平行，与肩同宽，两腿自然伸直；同时，带动右臂内旋向前、向上，经头顶上方至右侧平举，掌心向上，指尖向外；左臂向下，从左向上至左侧平举，掌心向上，指尖向外，目视前方（图 5–114）。

图 5–113

图 5–114

随后，两臂向上环抱，指尖相对，掌心斜向下，手臂成弧形；配合吸气，目视前方（图 5–115）。然后，两腿屈膝下蹲，大腿与小腿约 135 度，同时，引气归元，两掌经体前下按，与肚脐同高，相距约 10 厘米，指尖斜相对，掌心向下；配合呼气，目视前下方（图 5–116）。

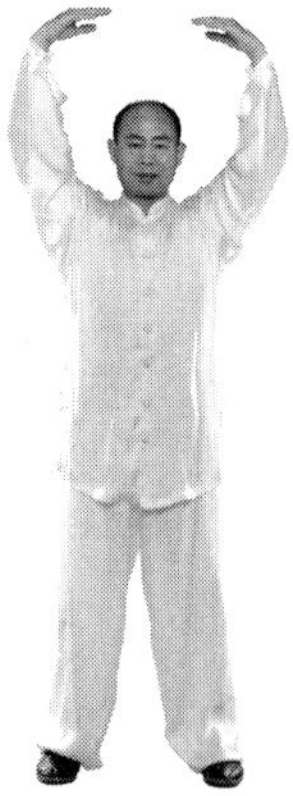

图 5–115

图 5–116

动作要点：通过抡臂、攀足和腿的屈伸，可增强肩关节的灵活性和下肢的柔韧性。通过两手对两胁、大包穴的按摩及脊柱的左右拧转，可通畅六腑气机，促进肝的疏泄和脾的运化功能。

（九）第八式　飞身势

动作说明：重心右移，右腿伸直独立，左腿屈膝提起，大腿高于水平，小腿自然下垂，脚尖向下；同时，带动两臂向上画弧，左臂经左下方（以肩高为水平线向下约 45 度）、左后方（以肩高为水平线向后约 45 度）至左上方（以肩高为水平线向上约 45 度）；右臂经右下方（以肩高为水平线向下约 45 度）、右后方（以肩高为水平线向后约 45 度）至右上方（以肩高为水平线向上约 45 度）；两臂画弧时，保持肘微屈，掌心向下，指尖向外；配合吸气，目视前方（图 5–117）。右腿屈膝，左脚向左前方约 30 度上步，脚尖向前；同时，两臂向前下方画弧，自然下落，左臂经左前上方（以肩高为水平线向上约 45 度）至左前下方（以肩高为水平线向前下方约 45 度）；右臂经右前上方（以肩高为水平线向上约 45 度）至右前下方（以肩高为水平线向前下方约 45 度）；两掌与肚脐同高，两臂画弧时，保持肘微屈，掌心向下，指尖向外；配合呼气，目视前下方（图 5–118）。

图 5–117

图 5–118

重心左移，左腿伸直独立，右腿屈膝提起，大腿高于水平，小腿自然下垂，脚尖向下；同时，带动两臂向上画弧，左臂经左下方（以肩高为水平线向下约 45 度）、左后方（以肩高为水平线向后约 45 度）至左上方（以肩高为水平线向上约45度）；右臂经右下方（以肩高为水平线向下约45度）、右后方（以肩高为水平线向后约45度）至右上方（以肩高为水平线向上约45度）；两臂画弧时，保持肘微屈，掌心向下，指尖向外；配合吸气，目视前方（图5–119）。

左腿屈膝，右脚向右前方约30度上步，脚尖向前；同时，两臂向前下方画弧，两掌自然下落，与肚脐同高，肘微屈，掌心向下，左指尖向左前方，右指尖向右前方；配合呼气，目视前下方（图5–120）。左腿屈膝，右脚向下至左脚内侧并步，脚尖向前；同时，两臂向前下方画弧，自然下落，左臂经左前上方（以肩高为水平线向上约45度）至左前下方（以肩高为水平线向前下方约45度）；右臂经过右前上方（以肩高为水平线向上约45度）至右前下方（以肩高为水平线向前下方约45度）；两掌与肚脐同高，两臂画弧时，保持肘微屈，掌心向下，指尖向外；配合呼气，目视前下方（图5–121）。

图5–119

图5–120

图5–121

起身，两膝微屈，同时左臂由左下经体前向右上方画弧上举并逐渐外旋，上臂至水平线向上约45度，肘微屈，上臂与前臂内侧的夹角约135度，指尖向上，腕充分外旋；同时右臂由右下方经体后向左下方约45度画弧下摆并逐渐内旋，上臂至水平线向下约45度，肘微屈，上臂与前臂内侧的夹角约135度，指尖向下，腕充分内旋；同时头向右平转，躯干向右旋转；配合呼气，动作略停，经右转视左下方（图5–122）。

两腿屈膝下蹲约30度；同时，躯干回旋转正，带动左臂逐渐内旋，右臂逐渐外旋，原路线返回，松肩坠肘，两掌弧线下按，与肚脐同高，左、右掌分别按至左、右前下方，掌心向下，先配合吸气，然后慢慢呼气，目视前下方（图 5–123）。重心左移，左腿伸直独立，右腿提膝至大腿高于水平，小腿自然下垂，脚尖向下；同时，带动两臂向上画弧，两臂经左右下方（以肩高为水平线向下约 45 度）、左右后方（以肩高为水平线向后约 45 度）至左右上方（以肩高为水平线向上约 45 度）；两臂画弧时，保持肘微屈，掌心向下，指尖向外；配合吸气，目视前方（图 5–124）。

图 5–122

图 5–123

图 5–124

左腿屈膝，右脚向右后约 30 度退步，成左虚步；同时，两臂向前下方画弧，自然下落，两臂经过左右前方（以肩高为水平线向前约 45 度）至左右前下方（以肩高为水平线向前下方约 45 度），两掌与肚脐同高；两臂画弧时，保持肘微屈，掌心向下，指尖向外；配合呼气，目视前下方（图 5–125）。重心右移，右腿伸直独立，左腿屈膝提起，大腿高于水平，小腿自然下垂，脚尖向下；同时，带动两臂向上画弧，左臂经左下方（以肩高为水平线向下约 45 度）、左后方（以肩高为水平线向后约 45 度）至左上方（以肩高为水平线向上约 45 度）；右臂经右下方（以肩高为水平线向下约 45 度）、右后方（以肩高为水平线向后约 45 度）至右上方（以肩高为水平线向上约 45 度）；两臂画弧时，保持肘微屈，掌心向下，指尖向外；配合吸气，目视前方（图 5–126）。

图 5–125

图 5–126

右腿屈膝，左脚向左后方约 30 度退步，成右虚步；同时，两臂向前下方画弧，两掌自然下落，两臂经左右前方（以肩高为水平线向前约 45 度）至左右前下方（以肩高为水平线向前下方约 45 度）；两掌与肚脐同高，两臂画弧时，保持肘微屈，掌心向下，指尖向外；配合呼气，目视前下方（图 5–127）。重复图 5–124 至图 5–127 的动作一遍，唯最后一步是右腿屈膝，左脚向下至右脚内侧并步，脚尖向前；同时，两臂向前下方画弧，两掌自然下落，两臂经左右前方（以肩高为水平线向前约 45 度）至左右前下方（以肩高为水平线向前下方约 45 度）；两掌与肚脐同高，两臂画弧时，保持肘微屈，掌心向下，指尖向外；配合呼气，目视前下方（图 5–128）。

起身，两膝微屈，同时右臂由右下经体前向左上方画弧上举并逐渐外旋，上臂至水平线向上约 45 度，肘微屈，上臂与前臂内侧的夹角约 135 度，指尖向上，腕充分外旋；同时左臂由左下方经体后向右下方约 45 度画弧下摆并逐渐内旋，上臂至水平线向下约 45 度，肘微屈，上臂与前臂内侧的夹角约 135 度，指尖向下，腕充分内旋；同时头向左平转，躯干向左旋转；配合呼气，动作略停，经左转视右下方（图 5–129）。

两腿自然伸直，同时，躯干回旋转正，带动右臂逐渐内旋，左臂逐渐外旋，两臂成侧平举，掌心向上，指尖向外，配合吸气，目视前方。本式上四步为一遍，退四步为一遍，前后各一遍。

动作要点：通过两臂带动全身的气血升降；脊柱的前后移动和左右旋转，可牵引三焦、任督二脉、带脉等周身的经络，能起到理顺全身气血的作用，为收势做好准备。通过胸腹的上提和下落按摩内脏，脊柱移动刺激中枢神经和神经根，牵引内脏，对脊柱的小关节有理筋整骨、通络活血的作用。

图 5–127

图 5–128

图 5–129

（十）收　势

动作说明：两臂向上至头顶上方环抱，周身中正；指尖相对，相距 10 厘米，掌心斜向下；配合吸气，目视前方，动作稍停（图 5–130、图 5–131）。引气归元，两掌沿体前缓慢下按至与膈肌同高时，转掌心向内（图 5–132），继续向下与肚脐同高，两掌向下引气至下丹田，掌心与肚脐相距 10 厘米，掌心对下丹田，指尖斜相对，相距 5 厘米（图 5–133）；然后，两臂自然下落，两掌心轻贴腿外侧，自然呼吸，目视前方（图 5–134）。

图 5–130

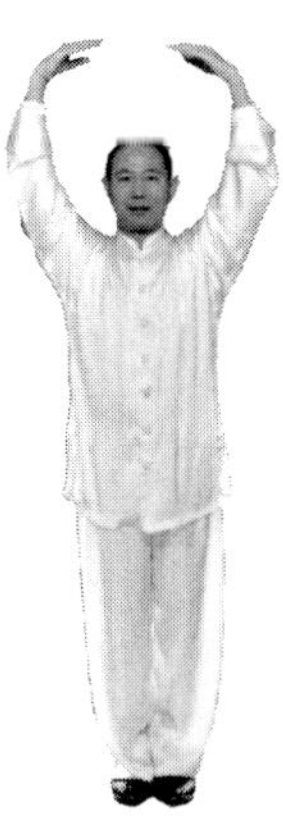
图 5–131

图 5–132

图 5-133

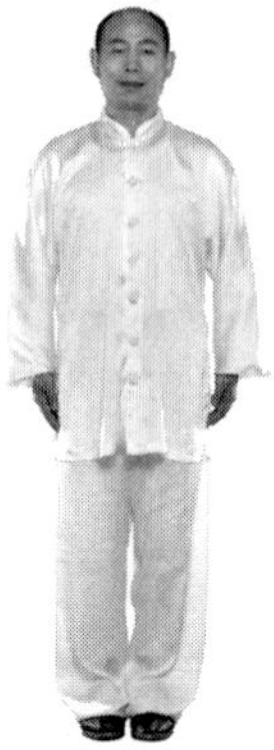

图 5-134

上抱下按为一遍，共做三遍。第三遍时，两掌在下丹田处稍稍停留，心神收敛于丹田，保持静养，目视前下方。

动作要点：理顺气机，收敛心神，引气归元。从练功状态逐渐过渡到生活状态。

第三节　健身气功·大舞健身的实施

一、安全从事健身气功·大舞健身的条件

1. 做好准备活动

在锻炼健身气功·大舞前，无论是体弱者或是身体强健者，均应做好准备活动，充分热身。充分的拉伸活动，不仅能防止因长期锻炼带来的运动性损伤，而且利于气血运行，提高健身效果。

2. 运动强度适宜

初学时，动作重心略高，采用高姿势，运动时间不宜过长，不宜大汗，以运动后不疲劳为宜。

3. 养成合理的生活方式

练功生活化，生活练功化。注重把练功形成的运动技能，运用到日常

生活中，把生活中的道理运用到练功中。作息规律化，适应四季变化。

二、健身气功·大舞锻炼的注意事项

（一）预备势的注意事项

①上抱时，易形成挺腹塌腰、垂直举臂、目视正上方的错误动作；纠正时应周身中正，目视前上方，即水平线向上45度。

②下蹲时，易翘臀跪膝。练习时要注意敛臀，两膝不超过脚趾；屈膝下蹲与两掌下按至肚脐要同时到位。

（二）昂首势的注意事项

①脊柱反弓时，易过分抬头或目视正上方。纠正时，应目视前上方，即水平线向上约45度。

②下蹲时，易出现脊柱未反弓、掌根未与耳同高的情形。纠正时，要求在抬头的同时翘尾椎；肩胛挤压时，掌根不要过高或者过低，掌根约与耳同高。

（三）开胯势的注意事项

①开胯时，易出现未顶髋或过度顶髋的情形。纠正时，应先了解开胯势的主要目的是侧重调理肝气，肝气主疏泄，当肝有邪，其气流于两胁。因此，顶髋与胁肋牵引相配合，利于肝气疏泄，如果未顶髋或过度顶髋，动作不到位，不利于疏肝利胆，在明白此理的基础上，注重顶髋，体会松紧适宜。

②侧撑时易出现手未与肩同高、上撑时手掌心未对应玉枕穴的情形。纠正时，两掌劳宫穴应相呼应，侧撑时手腕约与肩同高，劳宫穴对应印堂穴，上撑时上臂在水平线向上45度，手掌的劳宫穴对应玉枕穴。

（四）抻腰势的注意事项

①伸臂抻腰时，易出现手臂、躯干和后腿未成直线的情形。纠正时，应放松肩髋，使上臂内侧在耳朵两侧。

②后坐时，易出现脊柱未反弓的情形。纠正时，应抬头翘臀，脊柱会自然成反弓。

③上步时，易使两脚前后在一直线上。纠正时，左脚向左前方上步，右脚向右前方上步，同时要保持身体重心平稳。

④抻拉时，易出现突然用力和强直用力的情形。纠正时，要体会松中有紧，缓慢柔和。

（五）震体势的注意事项

①提膝时，易出现脚趾未上跷的情形。纠正时，应以大敦穴为点，带动脚趾上跷。

②落脚时，易出现落脚点未在支撑脚内侧垂线向后约 15 度的情形。纠正时，应注意落脚点与躯干成垂线，这利于抖动和牵引躯干关节与内脏器官。

（六）揉脊势的注意事项

①向一侧伸展成弧形时，摆至头上方的手臂易出现未与垂线成 45 度的情形。纠正时，应注意伸臂侧身，伸展一侧的手臂、躯干和腿应成弧形，手臂是弧形的上端，在垂线的左或右成 45 度。

②侧伸手臂、躯干和腿时，易出现从髋关节折叠的情形。纠正时，应注意推掌要充分，劳宫穴与大包穴同高，同侧的手臂、躯干和腿成弧形。

（七）摆臀势的注意事项

①俯身时，易出现未含胸收腹、脊柱未成弓形的情形。纠正时，应注重由颈椎至尾椎逐节卷曲，前额向膝盖以上的方向卷曲。

②手尾画圆时，易出现手与尾椎的摆动方向不一致的情形。纠正时，先确定前、后、左、右四个点，四个点应在同一个圆上，然后，手与尾椎同时摆向左侧并稍停，再摆向前方稍停，然后摆向右侧稍停，最后摆向后方稍停，如此练习，逐渐达到手与尾椎的摆动方向一致。

（八）摩肋势的注意事项

①退步摩肋时，易出现躯干未直立、掌根未经髋关节的情形。纠正时，

应头正颈直，躯干中正；摩肋时，在保持躯干中正的基础上，手掌尽量沿胆经向下摩运。

②转身抡臂时，易出现未以腰带臂，两臂未画立圆的情形。纠正时，转身抡臂，意在腰和脊椎，以腰带动躯干，以躯干带动两臂，抡臂时两臂前后对称、上下对称，形成立圆。

（九）飞身势的注意事项

①上步或退步摆臂时，易出现两臂未在以侧平举的水平线周围45度画圆的情形。纠正时，应先使两臂成侧平举，掌心向下，指尖向外，与肩等高；随后在水平线的上、下、前、后45度定点，观察和感知45度时手臂的位置；接着从后抬臂，从前落臂，手臂画圆时经过上、下、前、后四个点。

②挥臂转身定势时，易出现两膝未微屈、两臂未与水平线成45度的情形。纠正两膝未微屈时，应先反复体会两膝伸直挥臂转身与两膝微屈挥臂转身的区别——两膝伸直挥臂转身易导致气上浮，在反复体验中应形成两膝微屈的习惯；在纠正两臂未与水平线成45度时，应先使两臂成侧平举，然后，左臂向上抬至水平线上45度，肘关节微屈，前臂外旋，右臂向下落至水平线下45度，肘关节微屈，前臂内旋，反复观察和体会；然后，右臂在上，左臂在下，反复体会，在体验中纠正动作。

（十）收势锻炼注意事项

①上抱时易耸肩。纠正时，应在上抱的同时使意在尾闾放松，节节向上放松，至夹脊放松，纠正耸肩的错误动作。

②下按时，易出现两掌至与膈肌同高时未转掌心向内的情形。纠正时，应先了解膈肌的位置，膈肌是位于胸腹腔之间，向上膨隆呈穹隆形的扁薄阔肌，是胸腔的底和腹腔的顶；膈为主要的呼吸肌，收缩时，膈穹窿下降，胸腔容积扩大，以助吸气；松弛时，膈穹窿上升，回复原位，胸腔容积减少，以助呼气。在此认知的基础上，手下按时配合呼气，在胸腹之间的高度转掌心向内，利于外导内行，引所归元。

参 考 文 献

[1] 黄尚军，郑勤．“中华武龙”对民族传统体育项目创新的启示 [J]. 辽宁体育科技，2017, 39(1): 99–102.

[2] 张海洋，郑勤，周东，等．基于中国梦的语境下传统武术的价值体现研究 [J]. 体育科技文献通报，2016, 24(7): 145–146, 152.

[3] 郑勤，陶坤．传统体育创新的理论与实践研究——以中华武龙为例 [J]. 搏击．武术科学，2013, 10(10): 1–2, 17.

[4] 郑勤．中华武龙开发创编与特色 [J]. 搏击．武术科学，2012, 9(10): 1–3, 17.

[5] 郑勤, 吴志远．传统武术传承模式分类研究——以少林武术传承为例[J]. 当代体育科技，2011, 1(1): 77–78.

[6] 单建新，郑勤．传统武术动作名称特点及其形成原因探析 [J]. 山西师大体育学院学报，2007(4): 64–66.

[7] 欧阳燕，唐生钊．太极拳运动呼吸方法对呼吸系统慢性疾病的康复作用 [J]. 武汉体育学院学报，2004(6): 61–63.

[8] 娄方潇．近五年太极拳运动干预的知识图谱分析 [C]// 中国体育科学学会．第十一届全国体育科学大会论文摘要汇编．北京：中国体育科学学会，2019: 2891–2892.

[9] 王岗．太极拳的文化意蕴论略 [N]. 中国社会科学报，2017–07–04(005).

[10] 蔡传喜，汤立许．非遗视域下陈式太极拳的荣耀之身与尴尬之境 [J]. 山东体育学院学报，2016, 32(6): 37–40.

[11] 左思琪．基于全民健身视角的我国太极拳健身运动 [J]. 科技创业月刊，2016, 29(12): 124–125.

[12] 王艳红，石爱桥．健身武术发展新契机——以《中医药健康服务发展

规划》为视角 [J]. 中华武术：研究 , 2016, 5(6): 6–11.

[13] 范学峰 , 姚亚行 . 浅析太极拳的健身价值 [J]. 搏击 · 武术科学 , 2014, 11(6): 51–53.

[14] 顾家续 . 二十四式太极拳运动对心脏机能的改善效果研究 [D]. 武汉：武汉体育学院 , 2014.

[15] 韩小伟 . 武当太极养生文化传播研究 [D]. 重庆：西南大学 , 2019.

[16] 都成凤 . 武当太极拳理论研究之探索 [J]. 武术研究 , 2018, 3(9): 88–90.

[17] 肖刚 . 武当太极拳之道家思想及养生妙用 [J]. 清远职业技术学院学报 , 2016, 9(6): 16–18.

[18] 朱君 . 武当太极拳的历史渊源 [J]. 兰台世界 , 2013(6): 84–85.

[19] 肖嵘 , 刘美霞 , 何宜忠 . 武当太极拳与老年人养生 [J]. 辽宁体育科技 , 2006(1): 76–77.

[20] 吕强 . 木兰拳 [M]. 长春 : 吉林出版集团有限责任公司 , 2010.

[21] 应美凤 . 木兰拳 [M]. 上海 : 同济大学出版社 , 1992.

[22] 邱丕相 . 教好练好木兰拳 [M]. 北京 : 人民体育出版社 , 2004.

[23] 胡金焕 , 等 . 图解二十八式木兰拳 [M]. 福州 : 福建科学技术出版社 , 2003.

[24] 李巧玲，何瑞虹 . 木兰拳二十八式国家规定套路学练与参赛指南 [M]. 北京 : 北京体育大学出版社 , 2003.

[25] 应美凤 . 木兰拳竞赛套路 : 剑拳　扇拳　掌拳 [M]. 北京 : 世界图书出版公司 , 1999.

[26] 应美凤 . 木兰扇新编 [M]. 北京 : 金盾出版社 , 2002.

[27] 国家体育总局武术运动管理中心 . 木兰拳规定套路 [M]. 北京 : 人民体育出版社 , 2000.

[28] 刘星亮 . 体质健康概论（第二版）[M]. 武汉 : 中国地质大学出版社 , 2016.

[29] 任超学 . 健身气功大舞、六字诀锻炼对中老年男子 PWV、ABI、STI 的影响 [C]// 中国体育科学学会 . 第四届全民健身科学大会论文摘要集 . 北京 : 中国体育科学学会 , 2018: 554–555.

[30] 崔嫚 . 健身气功大舞、六字诀锻炼对中老年女子血液成分和体成分的

影响 [D]. 西安：西安体育学院 , 2018.

[31] 雷斌 . 大舞养生功法讲解 (上)[J]. 中医健康养生 , 2017(8): 43–45.

[32] 雷斌 . 大舞养生功法讲解 (下)[J]. 中医健康养生 , 2017(10): 36–38.

[33] 李俭莉 . 健身气功 · 大舞干预原发性痛经的疗效探讨 [J]. 中国性科学 , 2014, 23(4): 19–21.

[34] 程元 , 石爱桥 . 健身气功 · 大舞的美学分析 [J]. 中华武术研究 , 2014, 3(3): 85–88.

[35] 李俭莉 , 徐武 . 大舞摆臂势练习对女性压力性尿失禁的疗效 [J]. 中国康复医学杂志 , 2013, 28(4): 364–366.